El artista

Otto Rank

EL ARTISTA
Aproximaciones psicológicas

Traducción de Pedro Argudo Buenacasa

casimiro

Esta obra ha recibido una ayuda a la edición del Ministerio de Cultura

Lectura infinita
#pactoporlalectura

Der Künstler. Ansätze zu einer Sexual-Psychologie
Hugo Heller & Cie, Viena y Leipzig, 1907

Diseño cubierta: Rossella Gentile
En cubierta: Egon Schiele, *Retrato de Eduard Kosmack*, 1910
Galería Belvedere, Viena

© Casimiro Libros, Madrid, 2024

www.casimirolibros.es

ISBN: 978-84-19524-38-6
Depósito legal: M-19967-2024

Índice

El artista

*¿Es posible que se conozca tan bien
y no se corrija?*

Shakespeare, *A buen fin
no hay mal principio*

Introducción

La naturaleza del artista solo puede comprenderse de verdad a partir de una psicología integral y universalmente válida que abarque tanto lo normal como lo patológico, así como cada una de las etapas transitorias intermedias. En principio, la vida interior del artista solo difiere en cierto grado de la de sus congéneres, de modo que los mecanismos mentales que producen la obra de arte no crean algo totalmente nuevo y aislado, sino que, si se observa con atención, encontraremos aproximaciones en la vida interior de las personas corrientes y, en los casos psicopatológicos, similitudes con las maravillosas y enigmáticas creaciones de la producción artística. Por consiguiente, la obra del artista debe considerarse en conexión con todos los demás fenómenos de la vida interior, y únicamente la comparación de las diversas expresiones psíquicas entre sí puede enseñarnos a reconocer lo esencial y particular de la realización artística, así como sus semejanzas y vínculos con las demás formaciones mentales. Sin embargo, hasta ahora no había sido posible realizar un estudio comparado del alma, ya que la naturaleza de la más instructiva y complicada de las expresiones de la vida espiritual estaba envuelta en una misteriosa oscuridad. Solo la neuropsicología, fundada recientemente en Viena por el profesor Freud, ofrece explicaciones satisfactorias de las formas patológicas, así como de todas las actuaciones similares y afines del aparato psíquico. Puesto que mi psicología se basa en las teorías de Freud y me sirvo de algunas conclusiones de su investigación para explicar los procesos que tienen lugar en el artista, me veo obligado a comenzar con un breve resumen de sus enseñanzas dirigido a aquellos lectores que no estén familiarizados con su obra.

Concepto de la represión deliberada

En sus *Estudios sobre la histeria*, publicados junto a Josef Breuer en 1895, Sigmund Freud reveló la esencia del mecanismo psíquico de esta enfermedad: la condición mental indefectible para la adquisición de la histeria es que una idea sea deliberadamente reprimida de la conciencia y excluida del procesamiento asociativo, sin que la huella del recuerdo ni el afecto ligado a la idea puedan ser ya arrancados de la mente. No obstante, si se logra convertir la idea fuerte en débil, si se consigue extirparle el afecto, es decir, el plus de excitación que contiene, estaremos cerca de resolver este problema; eso sí, al plus de excitación que ha sido separado de la idea habrá que proporcionarle entonces otro uso.

Concepto de la conversión

En la histeria, la idea incompatible se vuelve inofensiva al convertir el plus de excitación en algo físico. Si una persona carece de la aptitud necesaria para que se produzca tal conversión, la idea desprendida de su afecto permanece en la conciencia, apartada de toda asociación, mientras que el plus de excitación que se ha liberado se suma a otras ideas que no son intrínsecamente compatibles y que, mediante esta falsa asociación y, en un sentido amplio, se convierten en obsesiones. No obstante, tanto la histeria como las ideas obsesivas deben ser consideradas como casos de defensa fallida. Los síntomas psicosomáticos son restos y derivados de lo reprimido, que se han impuesto por vía indirecta. La intención de la terapia catártica de Breuer, que se ilustra en el libro en varios casos de histeria, es redirigir intencionadamente la excitación desde la vía equivocada hacia la idea original, para forzar después la compensación del conflicto por medio del trabajo mental y la descarga de la excitación mediante la conversación (psicoterapia).

Explicación de los sueños

Al psicoanalizar los síntomas neuróticos, Freud se dio cuenta de que los sueños de los pacientes desempeñan un papel importante en el cuadro clínico. El tema de estos sueños era siempre la historia de la enfermedad subyacente a la neurosis. La idea embarazosa que había sido reprimida de la conciencia reaparecía en los episodios oníricos, y sus derivados podían contribuir a hacer consciente la idea reprimida, curando así la neurosis. Sin embargo, en el sueño, el pensamiento se transformaba en una imagen parcialmente irreconocible y representada de modo dramático; solo ciertas asociaciones superficiales, finas alusiones y algunos disimulos apuntaban en el contenido del sueño, del que la persona era consciente, al material reprimido. Ahora bien, la cadena de pensamientos intermedios que conectaba el contenido del sueño consciente con los pensamientos reprimidos podía en cierto modo ser revelada por el propio soñador, si este lograba reprimir la autocrítica y retener, sin oponer resistencia, todos los pensamientos que se le ocurrieran acerca de los diferentes elementos del sueño. De este modo se adquiere un material con cuya ayuda puede llevarse a cabo la interpretación de las imágenes oníricas y las ideas patológicas, y que permitió a Freud descubrir el contenido onírico latente detrás de las ideas manifiestas de los sueños, demostrando que este representa siempre y sin excepción el cumplimiento de un deseo. A partir de ahí, la siguiente cuestión hacía referencia al factor que provoca la distorsión del sueño, es decir, la transformación del contenido onírico latente en los pensamientos oníricos manifiestos. Si se recuerda que, en los sueños de los neuróticos, las ideas deliberadamente reprimidas de la conciencia solo reaparecen en ella parcialmente, no resulta descabellado suponer que el propio poder psíquico que produce tal represión seguirá intentando mantener alejados de la conciencia los pensamientos afectados por la represión.

Concepto de la censura psíquica (resistencia)

No obstante, al no ser capaz de hacerlo en el sueño, la mente procede de manera similar al censor, quien, al no poder suprimir completamente una obra, se contenta con eliminar los pasajes que expresan más a las claras el contenido reprobable. Dado que la realización de estos pensamientos reprimidos causaría malestar, se previene el desarrollo de la ansiedad u otras formas de afecto embarazoso mediante la eliminación de la censura psíquica. También en este caso, la conclusión resulta obvia: la represión deliberada de una idea en la conciencia se efectúa con el propósito de impedir el desarrollo de pensamientos embarazosos. Pero, puesto que los sueños son también algo cotidiano en las personas sanas, en las que ninguna idea reprimida lucha por su representación, todo ser humano debe necesariamente poseer de forma innata ese material "reprimido" del que emana el impulso de soñar.

Concepto de la represión sexual

El análisis de los sueños muestra que, en casi todos los casos, el deseo que suscita un determinado sueño tiene su origen en la infancia; que al soñar, el niño continua viviendo con sus impulsos; que también el poder psíquico que crea los sueños se forma a partir de deseos que el individuo reprimió durante la infancia; y que tal represión infantil "*involuntaria*" que, por razones que se pondrán de manifiesto más adelante en el curso de mi investigación, llamaré simplemente represión sexual, constituye un factor esencial en el desarrollo normal del individuo. Freud, que llama inconsciente al material infantil reprimido en cada individuo, vincula esta constatación a la teoría de que, incluso en los sueños de las personas neuróticas, no es la idea reprimida intencionadamente del pensamiento consciente la que proporciona la fuerza motriz del sueño, sino el inconsciente, y que tal idea reprimida se sustenta exclusivamente en este material, reforzándose con él. Freud expuso los resultados de sus investigaciones sobre los sueños, de gran trascendencia en todos los ámbitos de la psicología, en su obra *La interpretación de los sueños*, publicada en el año 1900. Al analizar la psicología de los procesos oníricos, Freud llega a la conclusión de que lo inconsciente es la auténtica esencia de lo psíquico y que, debido a su naturaleza interna, nos resulta tan desconocido como la realidad del mundo exterior. A través de los datos de la conciencia, percibimos lo inconsciente de manera incompleta, igual que ocurre con la aprehensión del mundo exterior que nos proporcionan nuestros sentidos, de modo que la conciencia no sería sino un mero órgano sensorial cuyo cometido es la percepción de las cualidades psíquicas.

Esencia de la represión

Pues bien, sobre esta base, Freud profundiza en la psicología de las neurosis. Entre los deseos desinhibidos e indestructibles procedentes de la infancia se encuentran también aquellos cuyo cumplimiento ha entrado en contradicción con los objetivos del pensamiento tardío. La satisfacción de tales deseos ya no produce placer, sino displacer o disgusto, *siendo precisamente tal transformación del afecto lo que constituye la esencia de aquello que denominamos represión*. Además, como obra que es del inconsciente, cuyo único cometido es satisfacer deseos y su única capacidad estimularlos, todo sueño supone en sí la satisfacción de un deseo, y todas las demás formaciones psíquicas deben también corresponder con la peculiaridad reconocida del inconsciente. De hecho, la teoría de todos los síntomas psiconeuróticos culmina con la afirmación de que también ellos deben entenderse como cumplimiento de los deseos del inconsciente. Sin embargo, como resultado de los análisis de los síntomas neuróticos, Freud asegura que un síntoma histérico únicamente surge cuando dos deseos *antagónicos*, cada uno proveniente de un sistema psíquico distinto, son capaces de coincidir en una misma manifestación.

Concepto del compromiso psíquico

El síntoma neurótico en sentido pleno es pues el *resultado de un compromiso, de un arreglo* entre dos deseos opuestos que, en la medida de lo posible, se ajusta a cada uno de ellos. Ahora bien, los sueños más complejos se revelan asimismo como el resultado intermedio de un conflicto de poderes psíquicos, un mecanismo de equilibrio similar al que encontraremos en las obras de arte. Se puede ver aquí como los resultados de la investigación de los sueños y la neurosis se complementan y explican mutuamente, al tiempo que se unen formando un todo. Freud concluye sus observaciones sobre la estructura del aparato psíquico, cuya constitución resulta de la psicología de los sueños, diciendo que, como mínimo, "el sueño nos prueba que lo sofocado persiste también en los hombres normales y sigue siendo capaz de operaciones psíquicas."* La siguiente obra de Freud, *Psicopatología de la vida cotidiana* (1901), que estudia los actos fallidos como el error, el olvido, los lapsus verbales, las salidas de tono y la superstición, está dedicada a probar este hecho. Freud vuelve a servirse de numerosos ejemplos para demostrar que, en todos los casos, el olvido de impresiones, conocimientos e intenciones se basa en un motivo de disgusto, de represión,

---

* *La interpretación de los sueños*, S. Freud, 1900.
  N. del T.: Todas las citas del autor referidas a los textos de Freud han sido extraídas de sus *Obras completas*, editadas por Amorrortu editores y traducidas por José L. Etcheverry en los años 70 del siglo pasado.

que a su vez representa, por así decirlo, el cumplimiento de los deseos del inconsciente. El siguiente comentario, que realiza acerca de la superstición, resulta muy instructivo: "Son dos las diferencias entre mi posición y la del supersticioso: en primer lugar, él proyecta hacia afuera una motivación que yo busco adentro; en segundo lugar, él interpreta mediante un acaecer real el azar que yo reconduzco a un pensamiento. No obstante, lo oculto de él corresponde a lo inconsciente mío, y es común a ambos la compulsión a no considerar el azar como azar, sino a interpretarlo. Ahora bien, yo adopto el supuesto de que esta falta de noticia consciente y esta noticia inconsciente de la motivación de las casualidades psíquicas es una de las raíces psíquicas de la superstición". Pero Freud va aún más allá al analizar el concepto de proyección psíquica inconsciente: "Creo, de hecho, que buena parte de la concepción mitológica del mundo, que penetra hasta en las religiones más modernas, no es otra cosa que psicología proyectada al mundo exterior. El oscuro discernimiento de factores psíquicos y constelaciones de lo inconsciente se refleja en la construcción de una realidad suprasensible que la ciencia debe volver a mudar en psicología de lo inconsciente. Podría osarse resolver de esta manera los mitos del paraíso y del pecado original, de Dios, del bien y el mal, de la inmortalidad, y otros similares: trasponer la metafísica a metapsicología".*

Los primeros lectores y críticos de *La interpretación de los sueños* reprocharon a Freud que diera un cierto toque cómico a los sueños que relata. Freud se defiende diciendo que no es culpa suya si sus sueños parecen graciosos, sino de las peculiares condiciones psicológicas en las que se fabrican. El sueño se vuelve cómico porque el camino más próximo y directo para expresar sus pensamientos está bloqueado; se vuelve así por necesidad y este hecho está íntimamente ligado a la teoría de lo cómico y lo gracioso.

* *Psicopatología de la vida cotidiana*, S. Freud, 1901.

Concepto del placer previo

Este es precisamente el tema de su siguiente libro: *El chiste y su relación con lo inconsciente* (1905). En él, Freud demuestra –gracias de nuevo a una serie de ejemplos– que el chiste tendencioso se pone al servicio de determinadas tendencias para, gracias al placer que proporciona el humor, en tanto que placer previo, neutralizar las inhibiciones y las represiones, creando así nuevo placer. Cuantas más inhibiciones y represiones de este tipo tenga una persona, es decir, impulsos tendenciosos a los que no ha reaccionado, que se ha *tragado*, más graciosa será. Sin embargo, como la censura impide que tales impulsos se expresen abiertamente, estos recurren al chiste para superar las inhibiciones inconscientes.

Teoría del placer por ahorro

Ahorrar el despliegue de inhibición o represión es, por tanto, el secreto del efecto placentero que producen los chistes tendenciosos. El concepto más evidente de la naturaleza del placer previo, cuyo mecanismo, según demuestra Freud, es eficaz en ámbitos muy diversos de la actividad mental, se obtiene imaginando su efecto en los chistes. Basta pensar en el hecho de que, con frecuencia, algunas personas se ríen en exceso de un chiste, para luego comentar que la gracieta era tan estúpida que ni siquiera sabían de qué se habían reído con tanto estrépito. El placer que surge de la propia técnica de la broma es únicamente el placer previo, el pequeño impulso que, por así decirlo, desencadena la avalancha y libera las inhibiciones inconscientes acumuladas, provocando así el placer final. De este modo, el placer previo actuaría como un incentivo de seducción. Sin embargo, el hecho de quien escucha el chiste no pueda, aún reflexionando, poner el placer final en concordancia cuantitativa con la causa, o sea, la técnica del chiste, tiene su equivalencia en la psicología de la neurosis, donde, por ejemplo, el neurótico obsesivo-compulsivo no puede explicarse el afecto violento desprendido de la idea incompatible que acompaña a la idea indiferente con la que este afecto se halla ahora conectada. Pues, así como todo el proceso de este desplazamiento del afecto permanece inconsciente en el neurótico, también en el efecto del chiste resulta inconsciente el proceso mental, de manera que la risa no es sino la consecuencia de un proceso automático que solo resulta posible al mantener alejada nuestra atención consciente. Y, del mismo modo que el neurótico se cura en cuanto es consciente de este proceso, no solo se destruye el efecto del chiste con el conocimiento de su mecanismo interno, sino que la más mínima distracción del esfuerzo liberado con respecto al rechazo automático –por ejemplo, un comentario que llame la atención sobre un matiz incomprendido del chiste–, debilita notablemente su efecto. La relación entre los chistes y los sueños se basa en la similitud de los procesos implicados en la formación de unos y otros. La teoría de la formación de los chistes demuestra que, de modo similar a lo que ocurre en los sueños, un pensamiento preconsciente pasa por un momento a ser procesado por el inconsciente, y su resultado es captado de inmediato por la percepción consciente. Los chistes tienen también una relación íntima con lo infantil. El pensamiento que se sumerge en el inconsciente con el propósito de crear un chiste solo busca, mediante las palabras, el viejo hogar del pasado lúdico. El pensamiento regresa momentáneamente al estadio infantil para recuperar la posesión de la fuente de placer de la infancia, y el extraño procesamiento inconsciente no es sino la forma pueril del trabajo mental. No obstante, hay algo esencial que distingue un sueño de un chiste: el primero sirve principalmente para evitar el displacer, mientras que la función del segundo es proporcionar placer. Sin embargo, todos nuestros esfuerzos y actividades mentales confluyen en estos dos objetivos. El chiste está, en cierta medida, relacionado con las psiconeurosis, y la observación de Freud de que los neuróticos se ríen durante el tratamiento tan pronto como toman conciencia de sus impulsos inconscientes constituye una prueba irrefutable del acierto de sus argumentos. Inmediatamente después de sus investigaciones en torno al chiste, Freud explica también una serie de fenómenos de la vida mental que pertenecen a este ámbito, como la ironía, lo ingenuo y lo cómico. Freud considera el humor, con cuya explicación concluye el libro, como la más elevada de todas las defensas psicológicas. Y es que, al no eliminar de la atención consciente el contenido imaginario asociado al afecto embarazoso, como hace la represión, el humor supera el mecanismo de defensa, puesto que logra encontrar el medio de extraer la energía de lo desagradable y transformarla en placer mediante el rechazo. El placer del humor surge, por así decirlo, a expensas de la liberación omitida de afectos o, dicho de otro modo, gracias al ahorro en el despliegue de afecto.

Al igual que las bases de las dos obras mencionadas, también el germen de su libro más reciente, los *Tres ensayos de teoría sexual* (1905), ya está contenido en *La interpretación de los sueños*, donde se dice lo siguiente: "La teoría de las psiconeurosis asevera con certeza excluyente que no pueden ser sino mociones de deseo sexuales procedentes de lo infantil las que experimentaron la represión (la mudanza del afecto) en los periodos de desarrollo de la infancia, y que en periodos posteriores del desarrollo son capaces de una renovación, ya sea a consecuencia de la constitución sexual que se configura desde la bisexualidad originaria, ya sea a consecuencia de influencias desfavorables sobre la vida sexual; y así ellas proporcionan las fuerzas pulsionantes de toda formación de síntoma psiconeurótica."*

En su *Teoría sexual*, Freud parte de las aberraciones de la pulsión sexual en relación con su objeto y su meta y, como resultado de sus

---

* *La interpretación de los sueños*, S. Freud, 1900.

investigaciones psicoanalíticas, afirma que, en los psiconeuróticos, un numeroso grupo de individuos que no difiere mucho de las personas sanas, las tendencias a todas las perversiones son detectables como fuerzas inconscientes que se delatan al generar síntomas. La neurosis sería, por tanto, un negativo de la perversión. En vista de la elevada prevalencia de las tendencias perversas, parece razonable concluir que la inclinación a las perversiones constituye la predisposición general original del impulso sexual humano, a partir de la cual se desarrolla un comportamiento sexual normal en el curso de la madurez como resultado de cambios orgánicos e inhibiciones psicológicas. La pulsión sexual del adulto surge de la combinación de múltiples impulsos de la vida infantil en una unidad, una síntesis que aspira a lograr un único objetivo: la cópula. Si tal síntesis no llega a producirse, tales impulsos se convierten en los verdaderos portadores de la sexualidad (perversiones) o bien, en caso de haber experimentado una inhibición insuficiente (represión), atraen hacia sí, en tanto que síntomas de una enfermedad (neurosis), una parte considerable de la energía sexual. Sin embargo, la presupuesta constitución, que alberga el germen de todas las perversiones, únicamente puede demostrarse en los niños. Freud pasa entonces al estudio de la vida sexual en la infancia. Según él, el niño viene ya al mundo con las semillas de la sexualidad y disfruta del placer sexual desde la misma lactancia. Pero las fuerzas destinadas a mantener el impulso sexual dentro de determinados cauces también se construyen en la niñez a expensas de los impulsos sexuales, en gran medida perversos. Una parte de la excitación sexual infantil escapa a estos usos y puede manifestarse como actividad erótica. La excitación sexual del niño emana de muchas fuentes, e incluso es posible que no ocurra nada más significativo en el organismo que no tenga que liberar su componente para excitar la pulsión sexual. Sin embargo, tal pulsión carece de objeto en la infancia, es solo autoerótica. Bajo la influencia de la seducción, el niño puede volverse polimórficamente pervertido, es decir, tentado a todo tipo de transgresiones, lo que demostraría que tiene una predisposición para tal aptitud. Freud concluye sus observaciones con un análisis de los cambios que se producen con el inicio de la pubertad y subraya la subordinación de todos los demás orígenes de la excitación sexual al primado de la zona genital y al proceso de elección de objeto.

El primero de estos cambios tiene lugar con la ayuda del mecanismo del placer previo, en el sentido de que los actos sexuales, por lo demás independientes y asociados al placer y a la excitación, se convierten en actos preparatorios para el nuevo objetivo erótico: la descarga de los productos sexuales. El placer previo actual sería, de alguna manera, un placer arcaico. La elección de objeto, sin embargo, está guiada por los indicios infantiles de inclinación sexual del niño hacia sus padres y cuidadores, que se reactivan durante la pubertad, y por la barrera del incesto que se ha erigido entretanto y que guía la inclinación desde estas personas hacia otras similares.

Aparte de los dos resultados del desarrollo sexual ya mencionados en el caso de la disposición constitucional anormal, la perversión o la neurosis, existe la posibilidad de un tercer desenlace mediante el proceso de sublimación, en el que las excitaciones hiperintensas de las diferentes fuentes de la sexualidad encuentran uso y drenaje en otros campos, de modo que el resultado de una disposición inherentemente peligrosa es un incremento no desdeñable de rendimiento mental. Encontramos aquí una de las fuentes de la actividad artística; y dependiendo de si dicha sublimación haya sido completa o incompleta, el análisis del carácter de las personas superdotadas, en particular aquellas con inclinaciones artísticas, revelará la mezcla en distintas proporciones de rendimiento, perversión o neurosis.

He llegado así a la conexión con el tema de mi ensayo. Sin embargo, debo volver primero a los fenómenos fundamentales de la vida espiritual, antes de poder pasar al artista.

Al principio, este mundo era únicamente el Atman, que suspiraba así: "¡Ojalá que encuentre una esposa! ¡Ojalá que llegue a engendrar! ¡Que acumule fortuna y que llegue a realizar una obra!" Hasta aquí llegaban sus anhelos.

Brihadâranyaka-Upanishad 1, 4, 17
(A partir de una traducción al alemán de Paul Deussen)

Solo es dichosa aquella fuerza que somete la resistencia a su medida y la ordena según su naturaleza, aunque sea a costa del dolor y del sufrimiento.

Wilhelm Heinse

En contraste con el aislamiento propio de los cuerpos inorgánicos, todo lo orgánico solo es capaz de sustentarse mediante las relaciones constantemente renovadas que mantiene con el mundo exterior. Ya la evolución de los organismos debe imaginarse acompañada por el despertar de una necesidad que no solo aspira a preservarlos sino también a ampliarlos. El organismo, por su parte, se empeña en lograr una independencia del mundo exterior similar a la que caracteriza al cuerpo inorgánico. Al principio, la necesidad despertada encuentra también interiormente su satisfacción, que en cierto modo lleva consigo: la expresión de esta relación inmediata constituye el primer crecimiento del organismo, que todavía está alimentado por la energía que le dio el impulso original para la formación de los seres. Sin embargo, a medida que el organismo crece, también lo hacen sus necesidades orgánicas, que pronto dejan de satisfacerse internamente.

El origen de la libido

Esta carencia crea en el organismo una especie de insatisfacción, que pronto aumenta hasta convertirse en una excitación interna, una tensión, y que acaba provocando un deseo urgente, una *libido*, que anhela la eliminación del estímulo. De este modo, la libido resulta ser la reacción a un desorden, a un displacer, que está llamada a eliminar. Sin embargo, es a través de la eliminación de tal displacer cuando se produce la primera experiencia de placer. A diferencia del carácter general e indiferenciado de la necesidad, la libido es capaz de adaptarse y transformarse. No es, por así decirlo, más que una necesidad que se ha vuelto inteligente y que ha tenido que aprender a adaptarse a diferentes circunstancias y a utilizarlas a su favor.

La predisposición a la omnisexualidad

La libido es por tanto capaz de procurarse satisfacciones (paz) de todas las maneras posibles y posee la predisposición para obtener placer por todos los medios: en relación con el desarrollo tardío de la libido, podría decirse que, desde un punto de vista meramente teórico, está dotada para la *omnisexualidad*. Gracias a su versatilidad, es capaz de satisfacer las necesidades orgánicas del exterior; despierta la pulsión de alimentarse (hambre), gracias a lo cual encuentra su propia satisfacción, mientras que, a su vez, guía tal pulsión actuando como prima de tentación y combinando su satisfacción con un efecto placentero.* La perspectiva de obtener placer tienta así a la pulsión a superar las resis-

---

* Me inspiré para desarrollar esta idea de la "asociación" entre hambre y libido en una conferencia sobre el problema sexual en la educación, pronunciada en abril de 1906 por el médico vienés Dr. Alfred Adler, en la Asociación de Profesores Abstinentes (alcohol).

tencias que se oponen a su satisfacción. De este modo, en función de la naturaleza e intensidad de tales resistencias, despierta gradualmente nuevas pulsiones para evitar el displacer. Así se puede pensar, por ejemplo, cómo la llamada pulsión de crueldad surgida más tarde opone una poderosa resistencia (parecida a un animal de igual fuerza) a la pulsión de alimentarse, *per se* no necesariamente asociada a la crueldad, obligándola para satisfacer el hambre, es decir, para obtener una sensación de placer ya conocida, a hacer algo que más tarde se considera "cruel".

Al principio, la mayor parte de la libido se utiliza para introducir los impulsos necesarios que sirven para la preservación de la vida, la cual se ve dificultada por las necesidades cada vez mayores del organismo; si la activación de las pulsiones está garantizada, basta con una menor aportación de libido para mantenerlas en funcionamiento, de modo que la libido que se libera busca la satisfacción por sí sola. Las pulsiones cuya función original es evitar el displacer se activan también ahora para la mera obtención de placer; a tal efecto, reciben una elevada prima de libido, que sustituye al componente de pulsión faltante. El recuerdo de las satisfacciones experimentadas de manera normal actúa como incentivo (*placer previo*) para la obtención reiterada del placer final, que corresponde a la actividad normal de la pulsión.

El concepto más general de la perversión

La utilización de las pulsiones despertadas inicialmente para evitar el displacer con fines de simple búsqueda de placer constituye al mismo tiempo el primero y más general carácter de la perversión, cuya esencia consiste en una *sobreocupación* libidinosa que va más allá de la medida de la contribución de la libido absolutamente necesaria para satisfacer una pulsión. Entonces, la sensación de placer no aparece ya como consecuencia de la satisfacción de una necesidad orgánica, sino que el placer se busca y se evoca simplemente por y para sí mismo. Una perversión de este tipo sería, por ejemplo, el componente de crueldad, que se desprende de la pulsión de alimentarse y busca la gratificación de manera independiente.

Al igual que, en ciertas ocasiones, la libido se adapta a las circunstancias con el fin de obtener placer, también acomoda gradualmente sus tipos de actividad a los casos que se producen con más frecuencia. Es así como se fijan algunas de sus funciones, sin que por ello la libido pierda su subsiguiente capacidad de adaptación.

El carácter de la pulsión

Ciertas actividades libidinosas, al fijarse en determinadas vías, adquieren el carácter singular de la pulsión; pues, aunque la libido dirigida hacia un fin determinado ya posee algo de instintivo en su origen, no es solo la libido dirigida hacia un fin determinado lo que caracteriza a la pulsión, sino también la libido que busca este fin por diversas vías.

Historia del desarrollo de la libido

En la formación y fijación gradual de las pulsiones, así como en el modo en que interactúan entre sí, pueden distinguirse claramente tres etapas de desarrollo de la actividad libidinosa. A partir de ahí, la tarea consistirá únicamente en mostrar las transiciones de estos diferentes estadios entre sí. Sobre la base de la ley de la economía, de suma importancia para toda la vida orgánica, los cambios graduales en las funciones de la libido pueden explicarse del siguiente modo:

El estadio de la polisexualidad

Al principio, la libido actúa de muchas maneras y bajo formas variadas. La libido llega a este estadio de *polimorfismo* cuando, en el caso de las pulsiones que se utilizan para conseguir un placer cada vez mayor mediante el aumento continuo de la prima de libido, esta deja de poder ser aumentada. Y como la ganancia de placer no puede incrementarse desde el exterior, la libido se lanza hacia el interior. Y así como al principio, la necesidad orgánica, al esforzarse por obtener una satisfacción independiente del mundo exterior, se servía de su propio objeto para neutralizar el displacer, satisfaciéndose así *auto-eróticamente*, ahora la libido, por analogía con este tipo de satisfacción y valiéndose de las experiencias que ha tenido con los objetos, trata de servirse directamente de sí misma para lograr el efecto del placer. Para ello, privilegia las pulsiones individuales y empieza a descuidar el resto como consecuencia del mayor placer que obtiene de la activación de tales pulsiones. De este modo, la libido se concentra de manera progresiva en un mayor número de funciones particularmente placenteras y se vuelve *polisexual* (polimórficamente pervertida).

En la búsqueda de un mayor placer, se acentúa la diferencia, predeterminada por la polisexualidad, entre las pulsiones preferidas y las desatendidas, en tanto en cuanto aquellas pulsiones cuya satisfacción ha sido reconocida como fuente más productiva de placer privan al resto de la prima de libido conferida por la mera adquisición de placer con el objetivo de intensificar aún más la propia. Este aumento de poder permite a tales pulsiones suprimir finalmente a las otras pulsiones desatendidas ya que, para conseguir mayores efectos de placer en las pulsiones favorecidas, se retira cada vez más libido de las otras. Sin embargo, la progresiva represión resultante hace cada vez más difícil reactivar las pulsiones desatendidas y favorece su fijación como una especie de resistencia interior, que restringe gradualmente la satisfacción frecuente e indiscriminada de la libido y la dirige hacia fuentes de placer más productivas.

El estadio de la bisexualidad

Como resultado de la privación de la libido, las pulsiones reprimidas se van oponiendo de manera cada vez más aguda a las que han sido capaces de sobrevivir, hasta que todo el complejo de pulsiones se separa en dos grandes grupos, el activo y el pasivo, de modo que la libido se convierte en *bisexual,* utilizando las resistencias interiores como un objeto para, por así decirlo, obtener placer. La bisexualidad es un intento renovado de reubicar la fuente del placer en el interior del organismo y lograr la independencia de lo externo.

Sin embargo, el efecto de placer ejemplar percibido al superar objetos tampoco se consiguió con la bisexualidad, ya que la "superación" de las resistencias internas enseguida echó en falta un efecto placentero, aunque este no se correspondiera ni remotamente con los elevados esfuerzos. Las resistencias externas, en cambio, al ser en ocasiones insuperables, impidiendo así la actividad placentera de las pulsiones, pudieron provocar displacer.

El estadio de la monosexualidad

La libido eludió este conflicto entre la superación de resistencias externas, que, si bien posiblemente insuperables, prometía un alto efecto placentero, y las inhibiciones internas, aún superables, cuya eliminación, sin embargo, proporcionaba relativamente poco placer, con un compromiso, es decir, transfiriendo una resistencia interna al exterior.

Debido a su origen interno, siempre estuvo segura de poder superar tal conflicto, además de que su cualidad de objeto le daba la apariencia de invencibilidad y, por tanto, la capacidad de desencadenar altos niveles de placer.

Lo masculino y lo femenino

Esta resistencia dependiente se formó por el hecho de que, en algunos individuos, en los que inicialmente se suprimieron las pulsiones más fácilmente accesibles a la represión, sus instintos fueron privados todavía más de libido, hasta un límite definido con precisión que variaba para cada pulsión individual con respecto a su necesidad para la conservación de la vida. Sin embargo, los individuos en los que inicialmente se reprimieron las pulsiones menos proclives a una mayor represión pudieron mantener una cierta actividad, que posteriormente incrementaron en comparación con los demás individuos, convirtiendo entonces en *masculinos*. Por el contrario, aquellos individuos en los que la represión continuada de la libido había provocado una inversión de las pulsiones, se diferenciaron cada vez más de los demás en relación con su actividad, de modo que finalmente necesitaron satisfacciones pasivas esencialmente distintas, por así decirlo invertidas, o lo que es lo mismo, que necesitaban ser superadas. Y para resistir se convirtiéndose *par excellence* en lo *femenino*. En los individuos masculinos, sin embargo, subsisten restos de la resistencia que se constituyó a partir de las pulsiones reprimidas (pasivas), del mismo modo que en los femeninos el descenso de la libido, de las "pulsiones activas", se expresa claramente en la resistencia, en la oposición, al tiempo que el predominio de las características pasivas garantiza la superación final. Las gradaciones de la proporción de mezcla de lo "masculino" y lo "femenino" en los individuos son casi infinitas.

Paralelamente al cambio gradualmente progresivo de las actividades libidinosas, desde la "omnisexualidad", pasando por todas las etapas intermedias, hasta llegar a la propia heterosexualidad, también cambiaron las funciones de la reproducción. La primera forma reproductiva, por división, resulta probablemente del límite de crecimiento fijado para el organismo individual: este tipo de reproducción no es, por tanto, más que un crecimiento transferido de un individuo a muchos otros y continuado por ellos; solo se esfuerza por extenderse, pero no por cambiar la especie.

Historia de la evolución de los organismos

Sin embargo, la evolución de los organismos a través de las cadenas vegetal y animal hasta llegar al hombre es consecuencia de las funciones libidinosas que se modificaron para aumentar la sensación de placer, cuya concentración progresivamente creciente exigía una modificación permanente del organismo. No obstante, dicha concentración no podía tener lugar completamente con respecto a las pulsiones individuales, que diferían según las circunstancias externas y cuya mayor independencia era necesaria para la preservación de la vida.

El concepto de disociación

De la asociación de los afanes libidinosos (la tendencia al cambio) con la pulsión reproductiva, los remanentes sexuales individuales independientes se escindieron en forma de involuciones (*disociación*) en el estado anterior. Sin embargo, estos restos sexuales no eran, en última instancia, lo suficientemente fuertes como para poder cargar con los esfuerzos requeridos para la actividad "sexual" de estas pulsiones, ya que las crecientes demandas de libido del instinto reproductor privaron gradualmente a las pulsiones "pervertidas" de la prima sexual, con la excepción de unos pequeños restos.

El fundamento de lo psíquico

Las pulsiones fueron, por así decirlo, engullidas, almacenadas y progresivamente debilitadas, hasta formar por fin el fundamento de lo *psíquico* en el ser humano. Es probable que la propia libido tuviera originalmente algo de "psíquico" que guiara y dirigiera toda la actividad del organismo; pero solo con la mujer, con la *monosexualidad*, se fija lo realmente psíquico, lo *inconsciente*, que se compone de pulsiones reprimidas a las que solo queda una pequeña aportación de libido.

El contenido del inconsciente

Lo psíquico pues es algo "físico" debilitado y refinado, reprimido por la retirada de la libido. No es algo constante, sino una función variable que se manifiesta mediante inervaciones; y así como al principio el aparato psíquico "obedeció al afán de mantenerse en lo posible exento de estímulos," más tarde, de acuerdo con la complicación de la psique, se produce una análoga "tendencia a mantener constante la excitación intracerebral".** La perturbación de este equilibrio por causas internas o externas –el afecto– provoca displacer y urge al restablecimiento del estado primitivo, a la descarga de la cantidad superflua de excitación que produce placer. Si tal descarga se ve obstaculizada por una resistencia interna o externa, el excedente sigue siendo capaz de causar dis-

---

* *La interpretación de los sueños*, S. Freud, 1900.
** *Estudios sobre la histeria*, S. Freud y J. Breuer, 1895

placer en determinadas ocasiones hasta cuando se elimina de un modo u otro.

La mujer es, por así decirlo, la personificación de todas las resistencias internas del ser humano, que –para aumentar el efecto placentero– resultaron como formación de compromiso de diversos esfuerzos; por un lado, de forma autoerótica contra la satisfacción insuficientemente placentera de la libido y, por otro, contra los esfuerzos desproporcionalmente grandes que a veces no lograron superar los "objetos".

Las raíces filogenéticas de la homosexualidad y el polifacetismo del coito

Al principio es posible que prevaleciera un tipo de relación homosexual, hasta que la búsqueda del placer diferenció aún más a los sexos, con impulsos libidinosos más prominentes en los hombres, y resistencias, los impulsos reprimidos, en las mujeres. En cada sexo, sin embargo, las pulsiones características del otro (las pervertidas) permanecieron activas en mayor o menor intensidad desde la bisexualidad anterior y trataron de afirmarse individualmente, de modo que al final el *coito* resultó como un compromiso, un acuerdo intermedio de todos estos esfuerzos aislados en el que, además de las pulsiones principales determinantes del sexo, las otras, menos acentuadas, también encuentran su satisfacción, razón por la cual este acto desencadena la máxima sensación de placer y provoca la extinción de todas las pulsiones libidinosas por un corto intervalo de tiempo.

La atracción mutua de los caracteres sexuales
y el concepto de placer compartido

La atracción mutua de los caracteres sexuales, guiada por el "inconsciente", asegura la satisfacción general en el coito: el hombre busca tanta resistencia como sea necesaria para estar seguro de obtener el mayor placer al vencerla, y la mujer busca la libido que esté a la altura de su resistencia. Sin embargo, esta elección también garantiza la satisfacción de las perversiones, que se consigue mediante el *placer compartido*. Puesto que el inconsciente, en la selección de los caracteres sexuales, apunta por lo general a que las pulsiones de ambos individuos se complementen de tal manera que las pulsiones reprimidas de una parte se correspondan con las pulsiones activas de la otra, en todo tipo de relación sexual satisfactoria, y por lo tanto también en el coito perfecto, la satisfacción de las pulsiones "normales" del otro sexo equivale a la abolición de las represiones, a la activación de las perversiones del propio sexo, y el gran placer surge del ahorro de esfuerzos que tendría que hacer cada parte por sí misma para anular todas las inhibiciones internas en la medida que el otro sexo se encarga ahora de vencer ciertas resistencias con fruición, ayudando, por así decirlo, a neutralizar completamente la psique. Aquí se establece por un momento el estado de omnisexualidad, que tienen en común la inconsciencia y el estado posterior a la muerte, y que es la condición previa para la posibilidad de volverse consciente, del nacimiento de un nuevo individuo.

El hijo como cumplimiento de un deseo del inconsciente

El compromiso intentado en el coito se aproxima a su realización en el hijo, que revela con claridad la disposición original del ser humano y la voluntad de ejercerla de todas las formas que prometen placer. El amor de los padres por su hijo es un reconocimiento inconsciente de su estado original, mediado por un vínculo consciente con su propia infancia. La esperanza de que el niño sea algún día mejor que ellos mismos tiene como trasfondo el "deseo" inconsciente de que el vástago pueda seguir siendo durante toda su vida como es ahora, es decir: multisexual. El niño es, pues, la realización más perfecta del deseo humano, y el placer que proporciona a los padres se debe a la supresión de una serie de inhibiciones interiores, que el niño hace superfluas mediante su actividad en el adulto.* Sin embargo, el amor del hijo es la apreciación de los objetos que proporcionan placer; porque todo "amor" descansa fundamentalmente en la bisexualidad temprana y, por lo tanto, es siempre amor hacia sí mismo. El amor a los padres tiene sus raíces en las inclinaciones incestuosas del niño.

El desarrollo de la inteligencia

El hombre aprendió de la mujer a utilizar las cosas externas a su voluntad. Con la ayuda de los órganos sensoriales (sensualidad), que se diferencian de los que pueden ser estimulados en determinadas partes gracias a la piel, a través de objetivos sexuales y con el fin de preservar la vida, se desarrolló la inteligencia: el hombre aprendió a servirse de las cosas para obtener placer.

El origen del lenguaje

Los inicios del lenguaje pueden también situarse en el periodo de la separación más estricta de los caracteres masculino y femenino. El

---

* Véase *El chiste y la relación con lo inconsciente*, S. Freud, 1905.

sonido más ancestral fue probablemente el grito de la resistencia ven-
cida (como el que emite la presa) y más tarde el grito lujurioso de la
hembra conquistada, que solo ansiaba su sometimiento. La libido
reprimida, que da en primer lugar a la pasividad del individuo femenino el carácter de resistencia, se libera, se convierte en actividad ("pecado") cuando las inhibiciones interiores son levantadas por el varón; una
parte de la energía de ocupación se vuelve superflua y, por un instante,
urge ser descargada en un grito. El macho intentó entonces imitar este
grito cuando quería atraer a la hembra. Más tarde, el sonido se diferenció en la expresión de otras emociones desbordantes, y más tarde de
los sentimientos en general; el sentimiento se vierte en la palabra, el
afecto se desahoga en ella: la voz es, por así decirlo, el alma de las palabras. Con el tiempo, el uso del sonido se extendió hasta transformarse
en un sustituto de los sentimientos para ahorrar esfuerzo, convirtiéndose en el lenguaje de signos convencional.

El desarrollo de la razón

La capacidad del lenguaje y su sustituibilidad revelaron al ser humano una nueva fuente de placer: la *razón*. Al captar las cosas a través de
la mente, el hombre tuvo que ponerse frente a su propio cuerpo y dejar
que este actuara sobre los órganos sensoriales hasta aprender a utilizarlo en su beneficio: para obtener placer. Y es que, inicialmente, todos
los objetos culturales solo tienen relación con el ser humano en la
medida que este escapa a su dominación, superándolos, obteniendo de
ellos placer y evitando el displacer. Así, la razón hizo posible que el ser
humano se imaginara el cuerpo gracias a su mera descripción, oyendo
hablar de él (*enter*ándose: *ent*endimiento, razón), recordando otros
datos similares percibidos por la mente, lo que requería un esfuerzo
considerablemente menor y resultó en un excedente de placer, pues es

así como se presuponía la conquista real del cuerpo, su dominio por parte de la mente.

Origen y finalidad de la cultura

Al desarrollo de esta capacidad se le añadieron las crecientes resistencias externas de la otra parte, lo que favoreció el desarrollo de la razón. Las pulsiones debilitadas, cuya contribución a la libido se había reducido en favor de la heterosexualidad, exigieron gratificaciones que pudieran obtenerse con poco esfuerzo y se contentaron con actividades menos placenteras y no claramente definidas, pero que, además de la adquisición de alimentos y bienes que hacían más fácil conseguir el objeto sexual deseado, creaban siempre –más tarde también entre el hombre y la mujer– nuevas resistencias externas entre el deseo y la conquista, cuya constante superación aumentó el placer de la satisfacción final. Con la mujer empieza pues la *cultura*, cuya finalidad es mantener el equilibrio "espiritual" mediante la actividad "física". La propia mujer permanece inalterada en tanto que resistencia externa permanente, mientras que el hombre se convierte en portador de cultura debido a su actividad imperante. Con la mujer llegó a su fin la "inactividad" del hombre; había perdido el estado original inconsciente de la omnisexualidad ("el paraíso")* y en el esfuerzo por recuperarlo a pesar de la mujer hay que buscar tanto la razón del desarrollo del instinto reproductor (asociación) tras la diferenciación de los sexos, como el despertar de todas las perversiones (disociación) apoyadas por el aumento de la cultura, que se conservan junto al instinto reproductor y se imponen inmediatamente en su lugar si por algún motivo se impide la realización del compromiso.

---

* En la *Psicopatología de la vida cotidiana*, S. Freud, 1901, compárese la disolución de la mitología en la psicología del inconsciente (véase la introducción).

La razón es un nuevo intento de independizarse de lo externo, con un carácter decididamente "autoerótico". Mediante la transferencia de la excitación de la razón a todos los órganos sensoriales, causada por las resistencias crecientes, y con la ulterior emancipación de su influencia directa en general, la razón se desarrolló hasta el más alto grado; la imaginación comenzó a funcionar como un mundo.

La esencia de la fantasía

La satisfacción negada a las pulsiones reprimidas por la realidad fue aportada por la *fantasía*, al permitir el cumplimiento de los deseos ligados al concepto de razón –que en sí no es sino la realización de los deseos de la mente–, y propiciar la superación de las resistencias. Este tipo de satisfacción tiene el mismo efecto que la satisfacción original de las pulsiones no debilitadas de los objetos, pues aquellas a las que se redujo la prima sexual se adaptaron a las resistencias culturales y se debilitaron hasta convertirse en "deseos", de modo que entonces les bastaban incluso las satisfacciones aparentemente asexuadas. Así, en el fondo de cada deseo se halla una de las pulsiones reprimidas, que pretende ser satisfecha bajo esta protección; y toda realización de un deseo es, por así decirlo, un deseo previo que desencadena de manera inconsciente el deseo final, incomparablemente más elevado. El deseo final, sin embargo, se corresponde con la satisfacción real de la pulsión.

De los deseos a las pulsiones. La atención, portadora de la conciencia.

Los *deseos* son pues sustitutos convencionales, expresiones conscientes de pulsiones reprimidas. Tales pulsiones, que forman la base del inconsciente y tienen tendencia a la actividad libidinosa (énfasis sexual), se ven obligadas a buscar siempre nuevos medios de expresión como resultado de la influencia opuesta de una mayor represión (privación sexual), dejando así sus huellas en la *conciencia*. El portador de estas ideas conscientes es una inervación variable que surge durante este proceso: la *atención*, que, por así decirlo, mantiene a flote la conciencia. Las pulsiones originales no pueden ya reconocerse en la conciencia, pues esta depende para expresarse de la información del mundo exterior percibida por la mente y es, por tanto, puramente convencional en las personas normales. Detrás de este disfraz (desplazamientos, distracciones, formas sustitutivas), las pulsiones guían todas las acciones y todos los pensamientos del hombre e imprimen el sello de la unidad interior en todas sus expresiones vitales. Tales pulsiones se apoderan de todo lo que es objeto de represión por parte de la mente consciente cuando encuentra resistencia en las cosas externas (cultura), manteniendo transitables en todo momento y en ambas direcciones los caminos por los que se conectan lo consciente y lo inconsciente, en los que uno emerge del otro en continua alternancia. En el caso de la represión consciente, la imaginación actúa como una especie de palanca para mantener reprimida la pulsión "inconsciente" en el momento en que esta vuelve a surgir.

El origen de los afectos y el concepto de carácter

Los *afectos* surgen al despertar las pulsiones reprimidas, ya sea por desplazamientos puramente internos de la ocupación o por las palancas exteriores de la imaginación que perturban el equilibrio físico; es decir, por el choque de los diversos afanes inconscientes entre sí. En el individuo normal, la constelación de poderes psíquicos se fija en el curso del desarrollo: ciertas pulsiones se encuentran permanentemente reprimidas y las excitaciones ocupan siempre las mismas vías psíquicas (χαρασσω). Además, el equilibro está bastante asegurado y, si a pesar de todo, consigue perturbarlo, surge un afecto débil que encuentra su salida habitual, dándole a la persona *carácter*. La dependencia del carácter de la vida instintiva se revela en el hecho de que todo carácter anormal (por ejemplo, los llamados excéntricos) ha sido desencadenado por un desarrollo sexual anormal. Pero incluso en posteriores patologías nerviosas de las personas sanas, las excitaciones se apartan de las vías habituales.

Formas de desarrollo de las relaciones sexuales normales

La libido debe pues estar siempre segura de vencer la resistencia –de la mujer– que ella misma ha creado, porque de lo contrario, en contra de lo que sería su cometido, podría causar displacer. La aspiración a dominar la resistencia se muestra claramente en el estatus social de la mujer, que es el mismo en todas las culturas y que se basa en la relación sexual. La primera forma de relación sexual "normal", la *poligamia*, fue consecuencia de la polisexualidad. De este tipo de actividad sexual normal, que ofrece diversas resistencias a la libido y, por tanto, requiere los mayores esfuerzos, se pasó, con el avance de la represión sexual, a la monogamia, como una disminución de la resistencia y una reducción de los esfuerzos, a partir de la cual, en el curso ulterior de la represión, se transformó en la falta total de resistencia: el matrimonio.* La constante opresión terminó por llevar a la mujer a la obediencia servil, a la continua complacencia, lo que debilitó de manera significativa el efecto del placer. Pero, dado que la resistencia no puede volverse bajo ningún concepto independiente, nuevas resistencias –convencionales–

---

* La fórmula para el rechazo de la resistencia es el castigo impuesto por el hombre a la mujer: "tu deseo será para tu marido, y el tendrá dominio sobre ti" (Génesis 3:16). También en las doctrinas de Zoroastro y Confucio el hombre es dueño de la mujer.

se interponen entre la libido y la satisfacción con el objetivo de aumentar el deseo. Y la mayoría de los individuos necesitan tales resistencias. Sin embargo, debido a causas externas e internas, al principio para algunos y más tarde para muchos otros, la resistencia puede ir más allá de su propósito y resistirse a ser superada; en ese caso ya no actuará como estímulo o incentivo, sino como obstáculo en el camino hacia el objetivo sexual.

El mecanismo de las perversiones obsesivas

Si la libido no es capaz de superar tal obstáculo y queda de alguna manera fijada a él, se produce lo que se conoce por *perversión obsesiva*. La más conocida de tales perversiones es el fetichismo de la ropa, en el que, a diferencia de los casos normales, donde el modo de vestir del objeto sexual actúa como estímulo para alcanzar el objetivo sexual normal, el fetiche remplaza al objetivo sexual anterior.* Pero si la resistencia aún puede superarse, aunque lleve mucho tiempo, entonces el hombre, cuando por fin ha logrado el objeto sexual, ya no quiere encontrar en él más resistencias, puesto que ya no es capaz de hacer más esfuerzos para superarlas. La superación de la resistencia cultural le cuesta entonces tanto trabajo, por culpa de su elevada represión sexual, que ni siquiera le basta una mujer que no le oponga ningún tipo de resistencia externa (matrimonio), sino que necesita de una *sin resistencia interna* –la prostituta– que le ahorre cualquier esfuerzo, acomodándose a sus diversas inclinaciones perversas. Así, mediante la represión progresiva del sexo, el hombre se ve obligado, para poder seguir siendo capaz de llevar a cabo una actividad sexual más o menos normal, a solicitar los servicios de la prostituta, cuyo origen femenino se ve favorecido por

---

* *Tres ensayos sobre teoría sexual*, Freud, 1905.

la disposición polimorfa y pervertida del ser humano. Así pues, la relación de la mujer con el hombre ha cambiado en las distintas épocas culturales, en función de la naturaleza masculina, y de la resistencia que exige la libido. Es por eso que "la moda" está también profundamente arraigada en la naturaleza de la mujer.

Pues bien, la mujer nos muestra que la represión psíquica (mantenimiento de la resistencia) está íntimamente relacionada con la represión social, a la que incluso acompaña, al igual que en la sociedad se forman relaciones similares a las de los individuos y que representan en cierto modo poderes individuales populares reprimidos que tratan de elevarse a la conciencia. El aparato psíquico debe exclusivamente su desarrollo, fruto de una necesidad inconsciente, al afán por obtener placer, prevenir el displacer y evitar la angustia, algo que se hizo cada vez más urgente para el ser humano con el desarrollo de la cultura superior surgida, a su vez, de un mecanismo de defensa contra la angustia interior. El desarrollo de la psique dio lugar a una complicación de todo el mecanismo, cuyos maravillosos logros asombraron al ser humano. Este únicamente fue capaz de explicar tales efectos por la acción de seres sobrenaturales semejantes, ya que sospechaba que estos estaban detrás de los poderes elementales, visto que también él debía someterse a las fuerzas de su interior como si de fuerzas naturales se tratase.

El origen del concepto de Dios

Sin embargo, el hombre solo era capaz de imaginar a los dioses de la naturaleza como seres similares a él, aunque, al mismo tiempo, superiores y más poderosos. Por analogía con estos dioses, concibió también el poder que guiaba toda su actividad: creó a *Dios* a su imagen y semejanza, llamó *dios* a su inconsciente y lo justificó de ese modo. Pero al igual que malinterpretó su inconsciente, también juzgó erróneamente la cultura impulsada y guiada por él; al darse cuenta de su efecto beneficioso, empezó a considerar la cultura como el verdadero propósito, y su absoluta perfección como la meta del universo. Pero como en todas las cosas fundamentales, consideró que el medio era el fin y confundió el placer previo con el placer final (delirio). Ahora bien, con esta visión cambió su relación con la cultura; esta se convirtió en un poder independiente, se impuso por así decirlo sobre la humanidad, y la búsqueda del placer se ocultó tras la exigencia de crear valores culturales más elevados. Con este pretexto, las pulsiones que antes gozaban de alta estima en tanto que obstáculos para la actividad cultural comunitaria se suprimen por la fuerza desde el exterior, y la libido así liberada se ve obligada a buscar otras formas de gratificación. Las personas en las que estas pulsiones están más acentuadas oprimen sexualmente a los demás; los más fuertes son quienes dominan y ponen en marcha estas pulsiones, en parte en las libertades que se permiten. Entretanto, la clase trabajadora realiza las tareas físicas y "descarga" sus debilitadas pulsiones en esta actividad, que ya de por sí conlleva el síntoma del sufrimiento, del mismo modo en que el carácter femenino (pasividad) emerge en los reprimidos.

La raíz sexual de las virtudes

En los débiles, la actividad "normal" de las pulsiones, inhibida por las condiciones sociales desfavorables, se convierte en pasividad, en feminidad, en *virtudes*, como resultado de la represión sexual resultante (privación de la libido). Tales virtudes parecen oponerse a las pulsiones originales, llamadas "vicios" por los débiles, pero que en realidad no son sino intentos de aprovechar la última posibilidad que les queda a estas pulsiones de activarse (haciendo de la necesidad virtud). Las virtudes, sin embargo, solo permiten una pequeña ocupación libidinosa;

el resto se reprime en el "inconsciente"; se convierte en psíquico y puede sublimarse todavía más en lo espiritual.

El significado de la compasión

Así, la crueldad inherente a la masculinidad normal, el impulso a infligir dolor a otros seres con el fin de lograr el propio placer, cuya manifestación más general es el comer, el devorar, y que subyace a toda superación, se convirtió de golpe en "virtud" en los oprimidos, en *compasión* (femenina). Como a los débiles se les priva de la posibilidad de infligir sufrimiento a otros seres, la pulsión se debilita aún más, se le extirpa la sexualidad, mientras que, en el caso de un funcionamiento más extendido, es decir, un énfasis sexual excesivo –por parte de los opresores– se convierte en sadismo (perversión activa). La persona compasiva deja que el cruel cause daño a otros seres y luego se pone en su lugar –como antes se puso en el lugar del que sufre–, lo que requiere mucho menos esfuerzo que su propia crueldad y produce el mismo efecto. Sin embargo, la compasión también protege inicialmente a los débiles de su propio sufrimiento, que radica en la percepción de resistencias que no pueden ser superadas; en el compasivo, el esfuerzo que hace para superar la resistencia junto con el que sufre se vuelve superfluo, generando placer por comparación con quien no puede superarla. La compasión permite así un doble ahorro: en el ejercicio de la propia crueldad, que resulta imposible, y en el esfuerzo que se realiza al intentar ser cruel o de imaginarse en el lugar de quien lo es; la persona compasiva disfruta así del placer, por así decirlo, a cambio de nada, como espectador. En el caso de una privación sexual más fuerte, ni siquiera esta última dosis de crueldad puede llevarse a cabo: el compasivo sufre entonces realmente, pero sigue disfrutando del placer de satisfacer su pulsión de crueldad en este sufrimiento aparente.

El desarrollo del masoquismo

Cuando, a medida que progresaba la opresión, todos sufrían juntos, la compasión, este sufrimiento que va a remolque, se volvió imposible, y la mayor represión sexual resultante de esta opresión supuso que incluso el sufrimiento personal fuera entonces capaz de dar satisfacción a la propia crueldad (masoquismo: perversión pasiva).

La explicación del suicidio

Una vez que esta pulsión alcanza el máximo rechazo sexual, hasta el punto de autoinfligirse dolor, la crueldad para con uno mismo puede llegar a proporcionar placer (faquires, histéricos), algo que puede aumentar en el neurótico hasta la "pulsión" de autodestrucción, la antítesis de todas las pulsiones, cuya función, al fin y al cabo, es la preservación de la vida. El suicida no se contenta con la represión de las distintas ideas conscientes, sino que trata de liberarse de todos sus pensamientos embarazosos; aspira, de alguna manera, a que toda su conciencia se vuelva inconsciente. Y para conseguirlo, se quita la vida. La tendencia del masoquismo, la fusión de dos afanes opuestos que se satisfacen mutuamente en un individuo, hacia la bisexualidad y el autoerotismo, es inequívoca. El masoquismo es, por así decirlo, autocompasión (mártir) y, por esta vía indirecta, supone una satisfacción de la pulsión de crueldad activa-pervertida, es decir, del sadismo.

Teoría de las series de pulsiones

Como resultado de la bisexualidad precoz, todas las pulsiones en el ser humano "unisexual" están dispuestas de tal manera que, al influir en el énfasis que se supone normal o que teóricamente debería resultar de la diferenciación de los sexos, pueden dar lugar a una serie de gradaciones de cada pulsión, dependiendo del grado de intensificación o privación sexual, que van desde el absoluto aumento del énfasis (la perversión activa), pasando por el equilibrio en el hombre "normal" (vicio), hasta el aparente contraste en la mujer "ideal" (virtud), y de ahí a través de la perversión pasiva y la neurosis hasta la autoanulación. Tales gradaciones presentan una miríada de estadios intermedios y formaciones mixtas. Sin embargo, hay muy pocas series de este tipo en relación con la aparente diversidad de pulsiones, ya que la mayoría de las pulsiones y los rasgos de carácter que se consideran independientes se revelan como etapas intermedias de una serie de este tipo.* En el individuo pervertido pueden darse también sucesivamente dos perversiones relacionadas con una serie: la perversión positiva y la negativa. Por lo general, predomina una de ellas. Pero en determinadas circunstancias, la otra puede surgir tras la satisfacción de la primera como última posibilidad de placer ulterior, como una especie de conciencia (privación sexual renovada). Ahora bien, esto suele producirse cuando se impide la satisfacción de la primera de ellas, que se ha equivocado de objeto sexual: la pulsión trata entonces de lograr la satisfacción de manera opuesta.

En los delincuentes, las pulsiones reprimidas se transforman en poderosas fuerzas motrices. El pecado y la conciencia.

Sin embargo, la virtud que se halla entre las dos tendencias a la perversión no es sino el último refugio aún sano del "vicio", de todo lo que

---

* Otra serie creada por la privación sexual continuada sería: agresión (sexual: violación): el exceso de énfasis positivo (perversión activa); coraje (en cierto modo una agresión latente): lo masculino.

los reprimidos desestiman por ser "normal", de la carga que sirve de contrapeso a toda virtud y cuyo triunfo, en forma de ruptura del equilibrio en cualquier acto (*delito*), es decir, el desaprobado pero a la vez anhelado énfasis sexual, se considera pecado (masculino), mientras que el esfuerzo por restablecer el estado anterior, la reiterada privación sexual y la conciencia (femenina) son considerados por los débiles virtudes. La mujer "normal" es pues, por así decirlo, la personificación de todas las pulsiones sublimadas hasta alcanzar la "virtud"; es la última estación, aún no patógena, en el proceso de represión del género humano, el punto de inflexión del desarrollo. Por este motivo, sin embargo, la mujer es muy propensa a la neurosis, puesto que su naturaleza misma está condicionada por una gran cantidad de libido reprimida (privación sexual) y solo necesita un ligero impulso para perturbar el equilibrio finamente sintonizado y provocar la progresión por la vía iniciada hacia la neurosis, mientras que, a través de un fuerte énfasis sexual de las pulsiones individuales, la mujer (prostituta) se aproxima al carácter masculino.*

La raíz sexual y la ambigüedad de la actividad cultural

En el hombre, en cambio, las pulsiones reprimidas como resultado de la actividad predominante buscan siempre al principio nuevas salidas permitidas ("habilidades"); actúan de diversas maneras, con fines ambiguos, creando así una cultura superior, mediante cuyas ventajas los oprimidos someten a los dominadores. Para poder rivalizar con sus oponentes, los antiguos opresores deben pues adoptar esta cultura.

---

* Timidez: lo femenino. Miedo (a la agresión): el negativo del énfasis excesivo. Ansiedad (como consecuencia de un gran rechazo sexual): la neurosis. Miedo a morir: en la autosupresión. Las sublimaciones superiores, por así decirlo, intelectuales serían: de la agresividad, la cólera; del coraje, la valentía, la audacia; de la timidez, la modestia, la esquivez; del miedo, la cobardía.

Para ello, habrán de erradicar las mismas pulsiones que los creadores de la cultura, de modo que finalmente todos se conviertan en siervos, y dicha cultura impere. Emerge entonces cada vez con más fuerza el lado femenino del pueblo; la actividad cultural, al principio todavía activa, da paso a una inactividad puramente pasiva provocada por la elevada represión sexual.

La caída de los pueblos es equiparable a la neurosis del individuo

El pueblo se hace "femenino" en el sentido negativo del término y, al agotarse los estímulos culturales, la resistencia interna aumenta hasta que termina por volverse "histérico". Por culpa del absoluto rechazo sexual, la parte compleja de lo "psíquico" es abocada a su origen, a lo físico, para volver después –sin rodeos– por medio de la represión al cuerpo del que había surgido. Se produce entonces una reversión similar de todos los "afectos" sobre el conjunto del pueblo, con inconsciente necesidad natural, como la que busca conseguir decididamente y en detalle el método catártico para curar la histeria introducido por Breuer y Freud.* Pero mientras que en la reversión individual se produce una especie de renacimiento del individuo, que lo conduce de golpe a una elevada esfera de conciencia, en la monstruosa reversión general de una cultura, la humanidad es, de algún modo, transportada de vuelta a un nuevo periodo de su infancia: una poderosa tribu natural primitiva y psíquica desplaza al pueblo cultural espiritual superior. Sin embargo, para superar al otro, el pueblo joven toma primero conciencia de sus propios poderes y comienza a desarrollarlos.

---

* *Estudios sobre la histeria*, S. Freud y J. Breuer, 1895.

La naturaleza del desarrollo cultural

Todo el desarrollo cultural de un pueblo va acompañado por una toma de *conciencia progresiva del inconsciente*, y las obras de arte de los distintos periodos culturales de cada pueblo representan con absoluta claridad el grado de conciencia alcanzado en cada caso, que, no obstante, solo los géneros posteriores sospechan y las siguientes generaciones reconocen, pues los sucesivos pueblos se elevan a esferas de conciencia cada vez más altas.

Visto en su conjunto, el desarrollo cultural de los grandes pueblos históricamente reconocidos pasó del "estado original" a la histeria: de la "omnisexualidad" a la "antisexualidad", al rechazo más enérgico del sexo; entre estos dos polos, sin embargo, se sitúa toda la actividad cultural del género humano hasta la fecha. El arte, filosofía y religión incluidas, es la expresión más elevada de tal actividad; constituye, por así decirlo, la cumbre desde la que desciende la cultura en ambas direcciones. El arte se desarrolla desde los sueños infantiles hasta la neurosis "suprafemenina" y alcanza su clímax en los momentos de mayor angustia psicológica, cuando el pueblo se balancea sobre el abismo de la histeria con el admirable virtuosismo de un noctámbulo.

Es sorprendente hasta qué punto todas las pulsiones humanas pueden reducirse a una sola.

Friedrich Hebbel

Tras la diferenciación de los sexos, la libido se fue retirando paulatinamente de determinadas pulsiones en favor de la pulsión sexual normal, de modo que los restos sexuales que quedaron en ellas tuvieron que buscar otras funciones, cuyo propósito se hizo más vago y velado con la progresiva represión sexual. Así, las pulsiones se sublimaron. El primitivo juego psíquico de fuerzas se hizo cada vez más rico y complejo hasta dar lugar finalmente a los maravillosos y extraños productos artísticos que, si bien a primera vista no muestran semejanza alguna con las expresiones originales y puramente sexuales de las pulsiones, están profundamente enraizados y relacionados con ellas.

Las pulsiones, llamadas perversas en relación con las funciones reproductivas de ambos sexos, se resistieron a la represión progresiva por parte de la pulsión sexual normal, ya que no estaban dispuestas a renunciar a su independencia. Este conflicto de pulsiones, asociado a la dificultad posterior de obtener objetos sexuales por culpa de las resistencias externas, obligó al inconsciente a utilizar nuevamente y de diversas formas el mecanismo del compromiso, aunque cada vez con menos esfuerzo interno, satisfaciendo así en ocasiones las pulsiones colectivas que se habían debilitado hasta convertirse en deseos. El primer eslabón en la serie de estos compromisos psíquicos es el sueño.*

El mito, un sueño de masas

Con la progresiva sublimación de lo psíquico, el sueño, en el que las pulsiones se comportaban a menudo de manera completamente desvergonzada, se volvió cada vez más intelectual, más ingenioso en el disfraz de sus intenciones. Sin embargo, la disminución de la eficacia que causó el debilitamiento de las pulsiones hizo que al individuo le costara cada vez más realizar esfuerzos psíquicos, hasta que el conjunto, tratando de imitar inconscientemente los sueños, creó con el *mito* una salida común para sus afectos. El arte fue inicialmente un producto colectivo y, en su origen, el aprovechamiento automático del mecanismo de compromiso que utilizó el inconsciente para lograr efectos similares, aunque con mucho menos esfuerzo. No obstante, las diversas formas de arte no son sino tentativas fallidas de crear algo parecido al sueño completo.

El conflicto en el artista

La constante represión de determinadas pulsiones en beneficio de otras, cuya interacción se convirtió al final en una segunda naturaleza para un número cada vez mayor de descendientes, obligó a los individuos a reducir aún más los esfuerzos y generalizó la sensación de máxima necesidad en aquellas personas, en las que ambas naturalezas

---

* Véase *La interpretación de los sueños*, S. Freud, 1900.

seguían luchando entre sí. Ese conflicto, que no es capaz de llegar a la conciencia de las personas corrientes, puesto que estas lo sienten como algo general y objetivo, y eliminan la excitación que les provoca durante el sueño (inconsciente), es percibido por los artistas como una proyección sobre su "yo", en su máxima potencia individual, *cuando ya está demasiado maduro para el sueño, pero aún no se ha vuelto patógeno*, y tratan de liberarse de él en las obras de arte, que antes que nada enlazan con la forma del mito.

El efecto psicoterapéutico de la obra de arte

Al mismo tiempo, el artista ofrece al espectador, que necesita la obra de arte casi tanto como él, la posibilidad de eliminar de raíz y sin esfuerzo alguno ese conflicto aún prematuro, y de obtener placer gracias al disfrute de la creación artística, lo cual ocurre porque los diferentes esfuerzos que el hombre civilizado normal necesita hacer para mantener las inhibiciones internas se vuelven completamente superfluos durante el tiempo que pasa ante la obra de arte e incluso durante cierto tiempo después. Así, la creación artística producida de manera individual ahorra al destinatario esfuerzos que tendría que realizar temporalmente para aliviar sus inhibiciones internas en el sueño y en el arte "comunitario". Además, la obra de arte es profiláctica en un doble sentido: evita el peligro de que el conflicto aumente en lo "improductivo", en su devenir artístico, y previene la neurosis en el propio artista.

La psicología del artista

Desde un punto de vista psicológico, el artista se encuentra a medio camino entre el soñador y el nerópata; el proceso mental es esencialmente el mismo en ambos, solo que diferente en grado, al igual que ocurre dentro del propio talento artístico. Las formas artísticas más elevadas del ser humano –el dramaturgo, el filósofo y el "fundador o reformador religioso"– se aproximan al psiconeurótico, mientras que las más bajas se hallan más cerca del soñador. El filósofo trata su sufrimiento de manera más bien "objetiva" y es, por así decirlo, el espectador; el dramaturgo lo vive con sus personajes –se le podría comparar con el actor– y el "fundador o reformador religioso" lo experimenta en sus propias carnes: es el histérico. En el artista, a diferencia del soñador y del neurópata, predomina sin duda una cierta actividad que confiere a su naturaleza una alegría viril y le quita la apariencia de lo patológico; sin embargo, el exceso de pasividad que subyace en la naturaleza de todo artista imprime a su producción el síntoma del sufrimiento. A lo largo de toda su vida, el artista sufre el conflicto al que las personas que han evolucionado normalmente ya están insensibilizadas desde su juventud; la sexualidad del artista –al igual que la del soñador y del neurótico– "conserva el estado infantil o ha sido remitida a él".* Soporta, por así decirlo, el sufrimiento por todas las demás personas, del mismo modo que los histéricos "llegan a expresar en sus propios síntomas las vivencias de toda una serie de personas, y no solo las propias; es como si padecieran por todo un grupo de hombres y figuraran todos los papeles de un drama con sus solos recursos personales".** Ahora bien, el artista, a diferencia del histérico, no ha asumido este sufrimiento "deliberadamente", sino que está convencido de que la humanidad se lo ha impuesto para librarse de él. Y este es el motivo por el que desprecia a la masa.

* *Tres ensayos de teoría sexual*, S. Freud, 1905.
** *La interpretación de los sueños*, S. Freud, 1900.

La religión es una psicoterapia inconsciente para las masas, mientras que el arte lo es, de manera inconsciente, para el individuo

Si la represión sexual sigue aumentando en la población y las pasiones se desatan con tanta violencia que ni siquiera el "arte" puede ya paralizarlas, los "oprimidos" se crean inconscientemente una figura ideal del artista: alguien que ama a las masas, que ha tomado *voluntariamente* para sí todos sus sufrimientos y los elimina del mundo mediante su expiación (esfuerzo), con el fin de devolver artificialmente a la humanidad a una especie de estado natural y liberarla de la tentación del pecado, que fue la causa de ese sufrimiento –la voluntad de cultura, la obtención de placer–. Las pulsiones están ya tan debilitadas que el cumplimiento de los deseos puede trasladarse a una vida más allá de la muerte, en la que solo la fe en el amor, es decir, en la existencia de la figura ideal (el Redentor) puede conceder esperanzas de curación. La religión es pues, en cierta medida, una psicoterapia de masas inventada por el pueblo para su propia curación, del mismo modo que el arte –incluida la filosofía– constituye una cura similar, pero ideada para un solo individuo y para un número limitado de compañeros de infortunio, cuyas constituciones psicológicas forman, por así decirlo, la base mental del artista. La cura del neurótico, en cambio, debe llevarse a cabo de manera individualizada, caso por caso: él es el perfecto egoísta, el "fundador religioso"; el pueblo, es su antítesis, y el artista se sitúa entre ambos, lo que condiciona en parte la diferencia de aprecio.

El desarrollo de la idea de Dios y la naturaleza del superhombre

La estricta determinación de todas las acciones y pensamientos percibida por el inconsciente llevó al hombre primitivo a creer en un poder superior que todo lo guía y dirige. Además, el afán inconsciente por eludir cualquier responsabilidad sobre sus actos le condujo a exteriorizar al Dios que habitaba en su seno. En las religiones más ancestrales, la multiplicidad de dioses (*politeísmo*) se correspondía también con una diversidad de sus aspiraciones mentales. Sin embargo, a medida que el inconsciente fue volviéndose consciente, el Dios exteriorizado se fue interiorizando y, en la forma ideal de la religión, el cristianismo, que en realidad se basa única y exclusivamente en la fe, el inconsciente ya se sospecha como un poder humano interior, por mucho que se le siga considerando de origen divino: el Hijo de Dios (Dios y hombre). Finalmente, en la religión personal de Nietzsche, donde irrumpe poderosamente el ateísmo de toda una época cultural, el dios, con el progreso de la conciencia y de la represión sexual, se vuelve por completo individual y demasiado humano; el inconsciente se percibe como el poder más íntimo, y la propia persona tiene que convertirse entonces en un dios, en un *superhombre*, y empeñarse en ser dueño y señor de su inconsciente.

El objetivo de la ciencia

Tal exigencia vino dada por una progresiva represión sexual, imposible ya de paralizar mediante el mejor de los remedios: la fe. El hombre desconfía de cualquier tipo de idealismo, y tal desconfianza acaba convirtiéndose en una adicción al conocimiento de la realidad: exige la verdad a toda costa, solo cree en aquello que puede ver y captar, e intenta desentrañar la "esencia de la naturaleza" mediante esta sobria metodología. Esto significa, trasladado al individuo, que pretende hacer *consciente a su inconsciente* para poder controlarlo. Así, la religión se convierte en ciencia.

Ejemplo de una serie de pulsiones

La "pulsión cognitiva", que en un principio era un componente anó-
nimo del deseo, aparece en forma de *voyerismo* en la diferenciación de
los sexos y en el énfasis sexual normal. Posteriormente, cuando el énfasis sexual es demasiado fuerte debido a las resistencias culturales
(ropa), puede transformarse en exhibicionismo "activo" (perversión).
En cambio, la represión sexual puede debilitarla, y distraída por las
resistencias internas y externas, pasar del voyerismo al deseo sexual y
de ahí al exhibicionismo. Bajo una influencia desfavorable, la pulsión
se debilita hasta convertirse en un deseo exhibicionista (perversión
pasiva) mientras que finalmente, en las condiciones adecuadas, puede
empezar a sublimarse: intelectualmente, en la búsqueda de la verdad y,
moralmente, en el sentimiento de vergüenza. Sin embargo, mediante la
influencia de represiones deliberadas, se convierte en la mentira, que ya
de por sí indica un fuerte rechazo del sexo. En última instancia, la pulsión cognitiva se manifiesta en el neurótico como una defensa contra el
núcleo de todo afán de conocimiento, como una "huida instintiva frente a todo examen intelectual del problema sexual".*

En tanto que deseo cognitivo, esta pulsión constituye el anhelo oculto de esquivar la tiranía del inconsciente y de dirigir las pulsiones según
el juicio de la razón. Sin embargo, todo avance científico muestra con
creciente claridad la inalterable dependencia humana de estas pulsiones, y provoca un aumento de la capacidad de sufrimiento; pues, en
realidad, sufrir consiste en ser consciente de las resistencias que no
pueden ser vencidas, algo que obstaculiza el placer.

Toda evolución científica culmina en un sistema filosófico, del
mismo modo que todo desarrollo artístico insta con asombrosa lógica
al drama y toda evolución popular conduce especialmente al dogma

---

* *Tres ensayos de teoría sexual*, S. Freud, 1905.

religioso. Y así como antes Dios justificaba el inconsciente, ahora se supone que la filosofía lo explica a partir de causas naturales; y al igual que el poeta supera el conflicto individual convirtiéndolo en general, el filósofo se libera de su sufrimiento revelando acertadamente que sus propias debilidades radican en la naturaleza humana y exigiendo en definitiva el reconocimiento de lo humano. El Dios externo, con su alabanza de la creación, estuvo muy bien, pero mira por dónde que fue un grave error, una expresión de esa monstruosa "inversión de los afectos" (defensa) con la que empieza todo "conocimiento" humano; y tuvo que ser la filosofía, después de miles de años de trabajo, la que con Schopenhauer condujera finalmente a la reevaluación aproximada de todos los valores psíquicos: la "voluntad" del hombre es el añorado Dios que todo lo guía y dirige, y ahora el ser humano puede tomarse al libertad de emitir un juicio sobre el mundo que curiosamente resultó ser nefasto.

Toda cognición es el intento de rechazar una responsabilidad, una culpa, la evidencia de una necesidad, la abolición de un delirio benévolo, su reinterpretación en el verdadero sentido, en su antítesis. Tal delirio, que se opone en todas partes a la pulsión cognitiva y trata de impedir la investigación de las causas, solo puede ser superado por cada individuo a través de sus propias experiencias dolorosas. Sin embargo, la propia pulsión cognitiva es a la vez solo un medio, un delirio, la salida de emergencia de una pulsión reprimida, cuya sublime activación desencadena inhibiciones internas y provoca placer final al satisfacer la pulsión más sexualmente acentuada en su origen; el placer previo, en cambio, surge del disfrute de la forma. La descarga de afectos en esta forma (material, dogma, sistema), así como el meticuloso y excesivo cuidado que pone el artista en la disposición del conjunto y en ciertos detalles sin importancia, constituyen *desplazamientos* de la intensidad psíquica de la que se sirve el mecanismo del placer previo. "Los contenidos de representación han experimentado desplazamientos y sustituciones, mientras que los afectos se mantuvieron incólumes",* de manera similar a como ocurre en los sueños (Hamlet reflexiona: "¿Qué es Hécuba para él, o él para Hécuba, para que llore por ella?").

Ahora bien, si por culpa de un rechazo sexual extremo, los afectos *se desprenden por completo* de las ideas incompatibles, entonces se produce la neurosis. Todo trastorno nervioso es causado por algo "psíquico" que trata de volver a su germen, a lo "físico". En la histeria, que constituye la forma más acusada de psiconeurosis, lo psíquico entra en el cuerpo por la vía equivocada, como si tratara de vengarse, de modo que los afectos se transforman, provocando trastornos. En el histérico, su mayor y más versátil libido (omnisexualidad) choca con el rechazo sexual más fuerte (antisexualidad), con las resistencias más elevadas; en él se tocan, por así decirlo, los dos polos de la cultura, y de esta pugna surgen los síntomas de la enfermedad en forma de compromiso. El neurótico percibe el conflicto entre la primera y la segunda naturaleza en todo su ímpetu cultural como una dicotomía propia a la que sus poderes psíquicos son naturalmente incapaces de hacer frente; solo es capaz de salir adelante negando el conflicto, intentando suprimir la percepción de su conciencia. De alguna manera, el neurótico trata de digerir lo embarazoso, mientras que el artista lo escupe y el soñador lo exuda.

La disociación de la pulsión sexual

La creación de la obra de arte al nivel de la cultura es –al igual que la posibilidad del sueño y de la neurosis– una regresión, una *disociación de la pulsión sexual*, atribuible en gran medida a la constitución. El

---

* *La interpretación de los sueños*, S. Freud, 1900.

recuerdo del inocente e inconsciente estado original de la omnisexualidad, que se ha conservado en el niño normal de manera incompara-
ble, puede perturbar el equilibrio del desarrollo cuando una o varias
pulsiones, que deberían estar debilitadas en beneficio de la heterosexualidad, resultan estar particularmente acentuadas, puesto que, al no
parar de actuar, acaban fijándose en forma de perversiones. La causa de
tal trastorno suele buscarse en las impresiones sexuales tempranas,
generalmente relacionadas con los padres, los hermanos o compañeros
de juego, que a su vez están determinadas por una predisposición desfavorable, que da el primer impulso para favorecer ciertas pulsiones
que deberían reprimirse descuidando otras necesarias. Esto proporciona a las pulsiones ya inicialmente más acentuadas nuevos influjos
sexuales, de modo que estas pueden ahora, por así decirlo, buscar y
atraer hacia sí las experiencias que necesitan para su actividad y desarrollo ulterior. A tales pulsiones, cuya actividad adicional resulta posible por la intensificación y el desplazamiento anormal de la sensación
de placer, se les priva, tras una feroz resistencia, de una parte de su
prima sexual, por lo general por el embate del desarrollo biológica-
mente condicionado de la capacidad reproductora (pubertad), que
exige con vehemencia la concentración de la mayor parte de la sexualidad, o como consecuencia de futuras experiencias interiores. Así, las
pulsiones se debilitan, se subliman y, si la represión permanece en un
cierto estado inestable, pueden actuar como pulsiones artísticas. El
grado de sublimación, de privación sexual, depende de la fuerza del
énfasis sexual precoz, de modo que la actividad infantil de "perversión"
más extendida, en el resto de condiciones, se convierte en neurosis. De
la misma manera que "las neurosis son, por así decirlo, el negativo de
las perversiones" (Freud), todo grado de sublimación es el negativo de
un énfasis sexual precoz. El artista permanece pues, dicho *grosso modo*,
entre la perversión y la neurosis, y por detrás de la mujer en términos
de represión; las desviaciones, transiciones y formaciones mixtas son

no obstante casi infinitas, hasta el punto de constituir la regla. De este modo, la sexualidad digamos normal de un individuo puede ir acompañada de una tendencia a la perversión, un conflicto susceptible de dar pie a la creación artística, la cual, a su vez, puede ir acompañada de neurosis. O bien es posible rescatar la perversión de la lucha de la pubertad sin debilitarla y seguir ejerciéndola, con la que la sexualidad se retira de las otras pulsiones, incluida la de procreación, quedando estas sublimadas.

La distracción de la sexualidad de la pulsión privilegiada se percibe como displacer, dirigida entonces tanto contra la pulsión, que al dejar de ser natural, resulta indeseable (perversión), como contra los comportamientos normales y necesarios en el ámbito del amor y de la sexualidad. La otra faceta de la perversión, el énfasis sexual violento, se siente como algo pecaminoso, y el esfuerzo por reprimir esta prima sexual, robada al instinto reproductor, se expresa como remordimiento. Sin embargo, la pulsión sexual normal, que por lo general aún está débilmente acentuada, se manifiesta, según el grado de acentuación, como aversión al sexo opuesto o como timidez hacia él.

La creación artística es en parte actividad sexual

En este conflicto de rechazo de pulsiones incompatibles que quieren afirmarse por separado puede surgir un compromiso, un acuerdo de mínimos: la creación artística, que supone la mayor parte de la actividad sexual del individuo. Esto es así porque la represión de una pulsión determina de por sí su sublimación; si se le retira la sexualidad, crea inmediatamente un sustituto convencional y el inconsciente entra disfrazado en la conciencia. Por eso en el artista muchas cosas se hacen conscientes antes que en el resto de los mortales, y por eso también el artista es quien más se aproxima al paranoico de todos los pacientes neurológicos; puesto que "en la paranoia esfuerza su paso hasta la conciencia mucho de aquello cuya presencia inconsciente en normales y neuróticos solo por medio del psicoanálisis se puede demostrar", y "es notable, pero no inteligible, que idéntico contenido nos salga al paso también como realidad objetiva en las escenificaciones que efectúan los perversos para satisfacer sus concupiscencias". El paranoico "discierne algo que al normal se le escapa, su visión es más aguda que la capacidad de pensar normal", pero se diferencia del artista en que "el desplazamiento sobre los otros del estado de cosas así discernido quita validez a su discernimiento".*

Las capacidades artísticas tienen sus raíces en el sufrimiento y están causadas por el despertar en el interior del artista de "resistencias" que no es capaz de dominar a la larga. Las pulsiones insuficientemente reprimidas tratan siempre de imponerse de manera individual contra la asociación condicionada por el desarrollo orgánico y deben, por tanto, permanecer bajo constante vigilancia, ocupadas por una fuerte atención. Esto supone que sus sustitutos deberán siempre estar en la conciencia, que es la que refleja con claridad la lucha de tales pulsiones, además de constituir deseos intensos y experimentar temporalmente satisfacciones convencionales.

La inspiración y el mecanismo de la idea

Dado que las ocupaciones sexuales de las personas "no normales" varían de manera considerable, la conciencia emerge sin parar en forma de compromiso y la atención cambia incesantemente su foco en ellas. Así, en un momento de pasividad (*inspiración*: análoga a los estados de pasividad del sueño y la alucinación en los sueños y la neurosis),

---

* *Psicopatología de la vida cotidiana*, S. Freud, 1901.

las pulsiones reprimidas pueden hacerse efectivas. Si por un instante alguna de ellas logra dominar a las fantasías, que son sus sustitutos conscientes, entonces la manifestación característica de este engaño la constituye el trabajo de condensación, que juega un papel protagonista en todos los fenómenos mentales y cuyo paradigma es el mecanismo de la *idea*. Las pulsiones reprimidas (el inconsciente) tienden a afirmarse con toda su fuerza, con el máximo énfasis sexual, en forma de "perversiones". Sin embargo, este tipo de actividad viene normalmente negada por la atracción sexual que ejerce el instinto reproductor desde la pubertad. Las pulsiones suelen estar hasta cierto punto reprimidas, educadas para ser normales, de modo que su accionamiento genera un displacer que a su vez parece conllevar el propio deseo. Las pulsiones están siempre en estado de tensión y tratan de neutralizar la conciencia, la cual, al fin y al cabo, no es más que un recurso de emergencia para su satisfacción, una especie de avanzadilla que debe buscar gratificaciones convencionales con la ayuda de los sentidos; las pulsiones, pues, tratan de ocupar el lugar de la conciencia. Por lo tanto, atraen hacia sí todo aquello que es objeto de represión para la conciencia, que es la antítesis de la atención, y utilizan este material para su propio refuerzo. Si entonces, en un momento de cambio constante de conciencia, provocado por el desenfreno de unas pocas pulsiones, se reduce la ocupación de la atención por *series de ideas incomparablemente más sustanciales*, se produce un efecto similar al de una represión débil, y el inconsciente absorbe estos complejos de ideas. Sin embargo, como en realidad no han sido reprimidas, sino que deben seguir funcionando en la mente consciente como sustituto de las pulsiones, el resto de la atención trata inmediatamente de compensar el error, ocupándose en exceso de estas ideas para arrebatárselas de este modo "al inconsciente". Las ideas, modificadas por el inconsciente, regresan rápidamente a la conciencia, dando lugar a la idea, detrás de cuya forma, que despierta el placer previo, se satisfacen impulsos inconscientes que provocan la neutralización de las inhibiciones internas y producen el placer final. Si todas las ideas pudieran así hacerse inconscientes, y permanecieran tal cual, entonces se lograría el poema *par excellence*: la reducción de la serie de ideas a las pocas pulsiones básicas parcialmente reprimidas y su liberación. Y con ello, también el énfasis sexual de las pulsiones, el estado de multisexualidad que, con una mayor reducción, supondría entonces la disolución de toda la conciencia en el inconsciente.

Ahora bien, en el hombre de cultura las pulsiones degeneradas han sido suficientemente reprimidas, es decir, sublimadas, por milenios de evolución hacia la monosexualidad y por la propia actividad cultural: el ser humano posee inteligencia, virtud y carácter, pero aún así, su psique sigue siendo capaz de producir emociones inconscientes. No obstante, para que esto ocurra, es imprescindible neutralizar la atención que se produce durante el sueño con el fin de que afloren así estas tímidas emociones, que –como todo lo inconsciente– se corresponden con deseos. Estos se cumplen entonces de forma subrepticia mediante el peculiar mecanismo del compromiso, del acuerdo intermedio, es decir, se vuelven de nuevo inconscientes al tiempo que se reprimen los afectos ligados a ellos. Así pues, no solo la satisfacción de las propias pulsiones suele resultar irreconocible en los sueños, sino que tampoco aquellos deseos conscientes pero reprobados por las convenciones pueden verse cumplidos salvo si lo hacen ocultos bajo un disfraz: en estos individuos, la "convención" ocupa ya el lugar de la naturaleza. En las personas normales, los sueños no son más que el eco de todas esas batallas psíquicas. En los neuróticos, en cambio, las partes de tales conflictos siguen enfrentándose irreconciliablemente, mientras que en los artistas firman una tregua indefinida. El artista puede aún salir del paso sin problemas mediante un compromiso. Para ello, proyecta su conflicto interior en la obra en una forma que, desde una perspectiva puramente estética (convencional), provoca agrado (distracción) y posee sentido en sí misma; una forma que no adquiere sentido solo por una interpretación y que, gracias al placer previo que suscita, neutraliza las inhibiciones interiores y produce placer final. Pero aquello en lo que la obra de arte aventaja al sueño cabe atribuírselo al papel de la conciencia. El psiconeurótico, sin embargo, pretende librarse por la fuerza de las "resistencias", quiere huir del conflicto en lugar de resolverlo por las buenas, algo que desde luego no conseguirá. Así pues, el artista es capaz de librarse de los sentimientos embarazosos cuando estos le atosigan. El neurótico, en cambio, querría hacerlo, pero no puede, mientras que el soñador deja que tales sentimientos sucedan. Por tanto, el artista solo se distingue del soñador y del neurótico por una relación peculiarmente armonizada entre las fuerzas psíquicas, una especie de fuerza de voluntad. De ahí que sea por lo general el hombre, en quien por naturaleza predomina la actividad, quien se convierte en artista, mientras que la mujer, en igualdad de condiciones, cae en la histeria. La mujer normal es el punto de inflexión en el camino del hombre ideal hacia la neurosis, pues su naturaleza ya está condicionada por una libido fuertemente reprimida; pero el hombre cultivado también posee una cantidad significativa, aunque exactamente matizada, de represión sexual, a expensas de la cual posibilita su sexualidad normal y satisface su cultura. El neurótico es un artista "femenino", mientras que el artista es un neurótico "masculino" que, sin darse cuenta, ha concebido su propia curación puesto que su naturaleza, cada vez más acosada, no encuentra otra salida mejor. Cuando empieza la represión sexual, el material reprimido intenta imponerse en el sueño; posteriormente, encuentra una satisfacción adecuada en las fantasías hasta que, en caso de producirse una privación sexual más fuerte, empuja al ser humano hacia el disfrute del arte donde, a buen seguro, pronto culminará su cura. De este modo se le prepara poco a poco para su propia creación, que se produce cuando los remedios intentados resultan infructuosos, es decir, tras un intento de represión fallido; es entonces cuando reconoce intuitivamente la esencia de los grandes artistas, aquellos por cuyas obras se siente atraído, e inconscientemente se dice: "si ellos se han curado gracias a sus obras, también yo puedo aprovechar el arte para curarme", convirtiéndose así él mismo en artista.

El mecanismo de la apropiación

El delirio de "ser artista" es pues una "*apropiación* sobre la base de la misma reivindicación etiológica (…) y se refiere a algo común –entre los artistas– que permanece en lo inconsciente",[*] de modo similar a como el material reprimido en el neurótico está siempre al acecho de una ocasión en la que poder descargarse con la ayuda de la conciencia. El neurótico imita en gran medida lo que escucha o ve en otros pacientes neurológicos como él, porque cree que también le servirá de alivio. Si en el "artista" la apropiación es sustituida por una simple imitación, que también posee cierto origen inconsciente, entonces, dependiendo del grado de tal imitación, se crean obras de segunda, tercera y cuarta categoría. Pero la naturaleza engaña al verdadero artista haciéndole creer que posee grandes aptitudes y, al halagar su ambición y sus ansias de gloria, le arrebata el germen de la enfermedad en su obra. La creencia de todo artista importante, surgida de tal "delirio", de que no hay arte más elevado que el suyo, resulta indispensable para la creación y constituye un aumento de la represión de la autocrítica exigida en el psicoanálisis, un desprecio de todo lo ajeno, una ceguera mental ante todo lo externo, una escucha atenta de las voces del yo interior; en definitiva, el efecto del funcionamiento automático del inconsciente. Pero la creencia de que ha ido más allá que sus predecesores en términos artísticos, que únicamente estaría justificada en relación con un avance en la conciencia, no es sino una defensa del subconsciente contra el

---

[*] Se trata del mismo mecanismo con el que el histérico expresa en sus síntomas las vivencias ajenas. *La interpretación de los sueños*, S. Freud, 1900.

presentimiento de que también su obra es una cura. El deseo del artista de ver reconocida su obra está íntimamente ligado a esta creencia: se trata de la necesidad inconsciente de ver confirmado por todos "lo que él cree" y, por tanto, de ver neutralizado su delirio, que será incluso eliminado del inconsciente; pero esto es algo que debe hacer el espectador y es, de algún modo, la contraprestación que exige el artista a quienes pretenden curarse con su obra. En cierto sentido, el impulso descaradamente comunicativo y ambicioso del artista tiene también mucho en común con la confesión y la absolución de los pecados (fundador religioso).

El efecto de la obra de arte

El efecto de la producción artística es similar en quien la admira al que tiene en quien la produce, solo que a la inversa. La obra de arte ofrece al "improductivo" la posibilidad de descargar cantidades sobrantes de excitación sin realizar un esfuerzo importante, ya que el artista ha tenido que llevar a cabo el trabajo psíquico necesario para eliminar las inhibiciones internas, tanto para sí mismo como para el espectador. Seducido por la forma, quien disfruta de la obra de arte se imagina entonces en el lugar del artista (creación mutua), algo que consigue sin dificultad, puesto que el receptor solo ama la obra de arte que satisface a su propia psique y que prácticamente podría haber realizado él mismo. El esfuerzo que lleva a cabo para ello es superfluo y acaba disipándose de alguna manera (elogios, aplausos, admiración, entusiasmo). Esta sencilla liberación de "afectos" constituye la base de la mayor parte del efecto placentero que produce la obra de arte. La admiración por el creador procede también de esta fuente. Ahora bien, la ocupación que se libera en el artista mediante la neutralización de sus inhibiciones internas no es tan grande como en el receptor, porque en el primero las inhibiciones no son tan fuertes; además, él mismo tiene que emplear la mayor parte de esta energía de ocupación para superar dichas inhibiciones, por lo que la obra del artista siempre tiene en sí algo dolorosamente compulsivo; sin embargo, una pequeña parte se convierte en superflua y tiene la misión, como placer previo, de permitir que la producción continúe.

El placer estético es solo placer previo

De hecho, el placer estético es solo placer previo,* que oculta la fuente real del placer, pero asegura e intensifica el efecto. Toda obra de arte, del mismo modo que "el sueño –y todos los síntomas psiconeuróticos–, es el cumplimiento (disfrazado) de un deseo (reprimido)";** y son precisamente los deseos los que constituyen el momento ideal de la obra de arte.

El hecho de que toda evolución "artística" tienda al drama se justifica por la progresión del proceso represivo en el seno de una cultura. El drama se acerca enormemente a la forma del sueño y roza también la acción del ataque de histeria; contiene todas las demás artes unidas en sí misma y combina, por así decirlo, el logro artístico más primitivo, la idea, con el límite en el que la capacidad artística fracasa por completo: el arrebato. En el ataque de histeria, el afecto realmente reprimido se reencuentra por la fuerza con su idea consciente, mientras que en la ocurrencia únicamente la idea abandonada por error retorna veloz a la conciencia. Los *periodos* de producción del dramaturgo, en los que se le ocurren las ideas, son por tanto comparables únicamente a los ataques de una persona histérica.

---

* Véase el concepto de placer previo en *El chiste y la relación con lo inconsciente*, S. Freud, 1905.
** *La interpretación de los sueños*, S. Freud, 1900.

La represión sexual imperfecta en los órganos sensoriales

Sin embargo, la preservación de las artes individuales al nivel de la cultura se debe sobre todo al énfasis particularmente infantil que se da a ciertas pulsiones en los diferentes individuos. Así, en el *pintor* se comprobará un excesivo énfasis sexual –fuertemente sublimado– de la pulsión visual (curiosidad por observar) en la primera infancia; en el caso del *escultor* será la pulsión del tacto (pulsión de apoderamiento), de la que "en última instancia se deriva el mirar",* y entre los *músicos* se demostrará la pulsión auditiva.

El escritor es el artista por antonomasia

El *escritor*, en cambio, está por encima de todos ellos; toma también su nombre de la actividad que constituye la esencia de todo arte, pues todo artista escribe, incluso el soñador y el neurótico escriben, pero en la "obra literaria", esta labor constituye la parte principal y emerge en su más alta perfección. El arte del escritor surge de fuertes represiones, pero tiende ya a la "actividad", la cual alcanza en el dramaturgo su forma artística más elevada, mientras que en el actor emerge de modo más sexual y en el histérico se manifiesta de manera absoluta. Sin embargo, los individuos que se inclinan hacia las perversiones pasivas tienen más probabilidades de mostrar vocación por la pintura o la escultura. Además, en el escritor, el arte ya no es tanto cuestión de habilidad, como en el "artista plástico", sino que es más intelectual, más espiritual, pero también más automático, ya que el inconsciente utiliza para expresarse las facultades que son comunes a todas las personas, solo que en distinto grado.

* *Tres ensayos de teoría sexual*, S. Freud, 1905.

El músico

El *músico*, en cambio, se sitúa entre el poeta y el artista plástico: también en él se ha alcanzado un alto grado de represión, como en el escritor, pero aquí el inconsciente se manifiesta en un lenguaje aprendido a posteriori; en la música hay más τε·χνη (arte) que en la literatura, pero está mucho más cerca del inconsciente en lo que se refiere al contenido, ya que se distancia de él en la forma. En el escritor, el inconsciente funciona de forma bastante espontánea, como por voluntad propia, mientras que en otros artistas (aunque también en los escritores "mediocres") suele ser necesaria una seducción especial de la forma (destreza) para desencadenar las tensiones inconscientes. Ahora bien, la misma seducción de la forma es también responsable del efecto que causa en el receptor.

Los afectos en el drama

En la tragedia, la forma literaria más elevada, los afectos se descargan en la medida que los espectadores se identifican con los actores e indirectamente, con el autor, que, al fin y al cabo, fue quien liberó sus afectos al producir la obra. El efecto que se desencadena de manera automática en el espectador permite imaginar la causa correspondiente: el receptor vive como propios los momentos relevantes de la acción; pero enseguida vuelve a su retén puramente estético donde, al haberse librado del afecto opresivo, respira aliviado: el único que sufre es el "personaje imaginario" creado por el dramaturgo. Pero el protagonista, el "héroe" de la obra no es sino el propio artista idealizado; cualesquiera que sean sus defectos y debilidades, él los añade a las resistencias personificadas (villano). El placer de ver sucumbir al protagonista, de presenciar su "muerte", solo puede entenderse al compararlo con el despertar de un sueño pesado o con el sentimiento de alegría que supone el restablecimiento tras una enfermedad (neurosis). Además, ni el espectador ni el artista perciben esa "muerte" como tal, ya que, así como *todos los personajes del drama son encarnaciones de diferentes poderes psíquicos del artista*, el héroe es la personificación en escena de este juego de fuerzas, es decir, de la "voluntad". Una vez cumplidos los distintos deseos, las ocupaciones energéticas liberadas fluyen, dejando paso a nuevos fenómenos (deseos): el protagonista ha muerto y su "muerte" es, por tanto, la visibilidad del cumplimento de los deseos en su forma más elevada. A diferencia de la tragedia, la comedia no solo hace palpable el sentimiento de placer para el espectador en determinados momentos, sino que refuerza, como exageración de la tragedia, la satisfacción que surge en ella, desencadenando de continuo el sentimiento de alegría (en realidad, un deseo de victoria), al tiempo que deja entrever que cumplir un deseo es siempre un simple compromiso, algo meramente ilusorio. La comedia hace que la alegría sea permanente y ahuyenta por completo la impresión embarazosa que podría evocar el recuerdo de la tragedia (obra satírica).

La psicología del actor

El dramaturgo, que no es sino el artista por antonomasia, requiere, habida cuenta de las características de su disciplina, de la mediación del actor para que los espectadores puedan verse reflejados en su persona, del mismo modo en que el compositor se sirve de los músicos para expresar sus ideas y la religión precisa del sacerdote para transmitir sus contenidos. Desde el punto de vista psicológico, el *actor* es el más interesante de todos los artistas; se sitúa entre el dramaturgo y el espectador en lo que respecta al efecto de la cura; porque la mayoría de las personas cultivadas muestran durante la pubertad una inclinación a actuar. De hecho, los más grandes dramaturgos se creían de jóvenes predestinados para la interpretación. El actor puede compararse al galeno que ofrece una cura al neurótico, solo que el intérprete lo logra mediante un delirio: el actor es, por así decirlo, el médico traducido a lo artístico, mientras que el sacerdote es el doctor trasladado a lo religioso. El actor puede compararse al científico que se inocula el suero para demostrar que no es perjudicial sino saludable. Es él quien dirige la curación del espectador, por mucho que este piense que se ha curado a sí mismo, del mismo modo en que le sucede al neurótico, que también se cree artífice de su propia sanación. En el intérprete, las pulsiones aún no se encuentran tan fuertemente reprimidas como en el espectador, pero tampoco tan altamente sublimadas como en el dramaturgo, que es mucho más pudoroso y utiliza al actor como pretexto, como medio (facilitador) para levantar las inhibiciones que él mismo no puede liberar.

El actor es el positivo del poeta

Al principio, el actor realiza para el poeta un trabajo psicológico que el propio dramaturgo es incapaz de llevar a cabo. El intérprete hace lo que el autor quiso hacer, pero no pudo; se prostituye por él, ya que es el "pervertido" que se halla más cerca de las pulsiones primarias. Es el positivo del poeta, como la prostituta es el positivo de la persona histérica. El actor es, de alguna manera, la prostituta sublimada en lo artístico, al igual que el poeta es el histérico sublimado en lo artístico. Así, el actor es la realización del deseo del autor. Todo dramaturgo, consciente o inconscientemente, tiene en mente su ideal de actor, el intérprete que será capaz de hacer realidad sus deseos. El arte de Shakespeare parece tan elemental, entre otras cosas, porque en él autor e intérprete se confunden en una sola persona y el dramaturgo casi logra hacer lo que quería el actor.

El aplauso como descarga motriz de los afectos

Eso sí, el intérprete también realiza un enorme trabajo psicológico para su público. En primer lugar, permite que quien disfruta de la obra se identifique sin esfuerzo con su autor, de modo que todo el trabajo que el espectador intenta realizar por sí mismo se reconoce superfluo y se descarga bajo una sensación de placer. La prueba de que el gran efecto placentero se debe única y exclusivamente a la labor interpretativa es el hecho de que nadie aplaude cuando lee una obra de teatro, pues tendría que hacer un esfuerzo enorme para ponerse en el lugar del artista. En el teatro, sin embargo, es el mediador, el actor, quien realiza esta tarea –que, por otra parte, también a él le resulta placentera–, despertando el placer previo. Aquí, el excedente se descarga mediante el aplauso físico: el ritmo de los aplausos, como sucede con toda alegría acompasada, está conectado con la sexualidad.

El llanto es una restricción de esfuerzos

El aplauso en la obra de teatro se corresponde con la risa en la comedia y en parte también con el llanto en la tragedia, porque, al igual que la risa, el llanto sirve para la liberación motriz de la excitación (llorar de alegría); solo que las lágrimas de dolor, en contraste con el carácter excesivo de la risa,* surgen de una restricción de esfuerzos y, por tanto, muestran el síntoma del sufrimiento, de la pasividad. El llanto es, de algún modo, el último refugio de la risa, igual que el dolor lo es del placer; y así como la risa contiene una comparación lujuriosa, un sentimiento de superioridad, el llanto radica en un sentimiento de derrota, de inferioridad.

---

* Véase *El chiste y la relación con lo inconsciente*, S. Freud, 1905.

El actor, sin embargo, alcanza el mayor placer a través de su peculiar capacidad de metamorfosis; logra su mayor proeza al representar engañosamente a un personaje que contradice su propia naturaleza, es decir, cuando alcanza los cambios más fluctuantes en la naturaleza sexual de sus pulsiones. La sexualidad del actor debe ser flexible y fácilmente excitable; se encuentra siempre, por así decirlo, en el periodo de la pubertad, como la persona histérica. Ahora bien, el actor es la antítesis del histérico, ya que puede provocar sus "ataques" gracias a su imaginación, manteniéndolos no obstante bajo control. Las pulsiones del actor no están aún fijadas, como las de una persona normal, pues no tiene "carácter", y precisamente por eso es tan querido, porque está libre de lo que también el público desea estar libre. El espectador tampoco quiere tener carácter, es decir, no quiere mantener unas pulsiones asociadas para siempre a una determinada energía sexual, ni desea reprimir permanentemente otras; lo que pretende es poseer también la flexibilidad de la libido, la capacidad de ser omnisexual: el actor encarna la realización de los deseos del público.

Sin embargo, el intérprete le debe al dramaturgo la posibilidad de poder conseguir su efecto, ya que también él necesita el delirio artístico, el placer previo, como el autor y su público. Con Wagner, actores y compositor no están ya separados entre sí como ocurre en los dramas de Shakespeare, sino que se funden en una síntesis suprema. En las obras de Wagner, el efecto del intérprete pasa a un segundo plano: aquí, el autor alcanza un nivel de conciencia tan elevado que es también capaz de realizar gran parte de la labor del intérprete, la cual necesita, no obstante, para que su obra logre un efecto perfecto. Pero con Wagner, el espectador no precisa realizar tanto trabajo mental; una mayor cantidad de esfuerzo se vuelve superflua, lo cual resulta en un mayor disfrute, porque la música en el teatro va un paso más allá en la pulsión comunicativa; una parte del inconsciente, la capa superior, por así decirlo, tiene aún que emerger, transformada en música, eso sí, para llegar a la categoría de arte. Mediante la extraña combinación de las dos capacidades artísticas, la voluntad y la habilidad, en una misma persona, Richard Wagner honra al actor poniéndole a la altura del poeta, que siempre gozó de mayor consideración.

La cumbre del arte

Es Wagner quien reevalúa el estatus social del intérprete, quien subraya su necesidad y quien obliga al público a reconocer la inmensa importancia cultural del artista. En las obras del compositor alemán, el arte alcanza su máxima expresión. El artista no hace más que tambalearse al borde del abismo de la neurosis. De alguna manera, ha asumido los sufrimientos de todos los demás artistas, pero a cambio reúne en sí mismo todas sus capacidades. Wagner reconoce ya parcialmente la locura de ser artista; en sus dramas y ensayos trata de penetrar a fondo en los secretos de la creación artística. Sin embargo, todavía hay mucho en él de inconsciente, de velado, de excesivamente "artístico" y, durante el proceso creativo, la mayor parte de la "cognición" es reprimida por el resto del delirio.

Tratar de ir tan lejos en el teatro (sin música) como Wagner en la comunicación del inconsciente supone ya un paso atrás en un sentido puramente artístico; pues aquí solo pueden darse fragmentos más o menos desfigurados de un psicoanálisis, inseparables ya del "teatro estético", pero que tampoco se entrelazan orgánicamente con él de modo artístico (música), sino que interrumpen de tanto en cuanto y de manera inquietante el trabajo del inconsciente, queriendo llamar la atención sobre su propia actividad. Los "personajes" son retratados y analizados, como en la obra de Ibsen. Aquí, el dramaturgo se convierte en un artista científico.

El paso de la literatura a la ciencia

La *progresiva represión sexual en el proceso evolutivo de la raza humana exige cada vez con mayor urgencia el control, la toma de conciencia de lo inconsciente*, y el arte no puede alcanzar este anhelado objetivo, ya que él mismo surge inconscientemente y solo puede actuar de tal modo, es decir, que únicamente puede transmitir de manera indirecta a la gente el progreso de la conciencia. El arte no puede ir más allá de un cierto límite, pues el propio artista se encuentra ante su obra como ante un milagro; no entiende mucho más de ella de lo que el soñador entiende de los procesos de su inconsciente o el neurótico de sus ataques. La obra de arte se produce siempre de manera plenamente consciente, pero por eso mismo debe acabar convirtiéndose en ciencia, que se sitúa tras las fuerzas motrices del propio arte y que quiere hacerlo todo consciente. Y es que, como dice Wagner: "la conciencia verdadera es el saber de nuestro inconsciente". Sin embargo, solo una ciencia general puede conducir a esa conciencia. El conocimiento individual no aporta gran cosa a la colectividad; cada cual debe adquirir el conocimiento por sí mismo, en sus propias carnes, antes de poder poseerlo y utilizarlo: todo el mundo debe aprender de su propio sufrimiento, pues para comprender hay que haber sufrido. El ahorro continuo de esfuerzo de la multitud acaba pasando factura; *cada uno debe hacer su propio trabajo psíquico* si realmente quiere llegar al conocimiento. Para expiar la antigua represión que sirvió para obtener el placer, todos deben ahora volverse histéricos, pues la infancia de la humanidad está llena de la actividad más extendida de todas las "perversiones".

La neurosis es la base del conocimiento general

Sin embargo, de la misma manera en que el "fundador religioso" quedó superado, también la persona artística debe ser superada: el "artista" se convertirá en actor, y el actor en médico; los creadores se convertirán en curanderos y los espectadores en neuróticos; pues solo así podrá la población llegar a la "conciencia": la neurosis es la base del conocimiento general. Pues aquí de nuevo, como en todas partes, lo anormal muestra a lo normal el camino hacia la liberación. Durante su proceso rehabilitador, el neurótico adquiere un profundo conocimiento de su "psique" y, por tanto, de la de todas las personas; la enfermedad lo ha hecho sabio, porque para curarse necesitaba el saber, el control del inconsciente. El sufrimiento lo ha vuelto perfecto.

La reevaluación de todo lo psíquico

Y ahora que se dan las condiciones para curar la neurosis, se abre una amplia perspectiva para el futuro de la raza humana. La humanidad puede ya enfrentarse con ánimo al inevitable final de toda evolución cultural, de la histeria, pues ahora es capaz de superar ese final, de crear una transición a partir de él; y si en el pasado, los pueblos perecieron de neurosis, ahora pasarán por ella y accederán al conocimiento. Pero una vez que la reevaluación completa de todo lo psíquico haya tenido éxito, una vez que todo lo inconsciente se haya vuelto consciente, entonces el superhombre asexuado e *inartista*, tan ligero y fuerte como un "dios", se situará en el centro del juego de la vida para guiar y controlar con mano firme sus "pulsiones".

Otto Rank, 1907

Apéndice 1
EL MOISÉS DE MIGUEL ÁNGEL*

Sigmund Freud

ADVERTENCIA PRELIMINAR

Lo diré de entrada: no soy experto en arte, sino un simple aficionado. De la obra de arte me suele atraer antes su motivo que sus cualidades formales o técnicas, cuya importancia el artista antepone. De
muchos de los recursos y efectos del arte me falta, en definitiva, un
conocimiento adecuado. Dicho queda, con el propósito de suscitar
indulgencia en la crítica a este ensayo.

Pero las obras de arte ejercen sobre mí una poderosa impresión,
sobre todo las literarias y las escultóricas, menos a menudo, las pictóri-
cas. Y esto me ha permitido, al contemplarlas detenidamente, intentar
entenderlas a mi manera, es decir, llegar a comprender lo que en ellas
produce tales efectos. Cuando no puedo hacer esto, por ejemplo con la
música, soy casi incapaz de disfrutarlas. Una disposición racionalista, o
quizá analítica, se rebela en mí contra la posibilidad de emocionarme
sin saber por qué lo estoy y qué es lo que me emociona.

* Artículo publicado en febrero de 1914 en la revista *Imago*, vol. III, fasc.1º, sin firma, y
con esta nota, probablemente redactada por el propio Freud, que era el director de la
revista: "Aunque este artículo no se ajusta a los propósitos de nuestra revista, el conse-
jo editorial ha decidido publicarlo, toda vez que el autor, al que conoce, participa en
los círculos psico-analíticos y su método de análisis se acerca en cierto modo al del
psico-análisis". Traducción de Karl Westhoffen.

Miguel Ángel, *Moises*, 1514-1537
San Pietro in Vincoli, Roma

Todo esto ha orientado mi atención hacia el hecho, aparentemente paradójico, de que son precisamente algunas de las creaciones artísticas más grandiosas e impresionantes las que tienden a escapar a nuestra comprensión. Las admiramos y nos sentimos subyugados por ellas, pero no sabemos explicar lo que significan para nosotros. No tengo las lecturas suficientes para saber si esto ya ha sido advertido, o si ya algún crítico de arte ha considerado que semejante perplejidad de nuestra inteligencia es condición necesaria para que una obra de arte provoque el mayor efecto. Sea como fuere, me resulta difícil creer en semejante requisito.

Y no creo que se deba a que a los *connaisseurs* y entusiastas les falten palabras para elogiar las obras maestras; antes, por el contrario, les suelen sobrar; pero cada cual dice la suya y ninguno consigue resolver el enigma que también se suscita en el simple aficionado. A mi entender, lo que logra impresionarnos tan poderosamente no puede ser otra cosa que la *intención* del artista, en la medida en que haya sabido expresarla en la obra y transmitírnosla. Sé muy bien que no se trata sólo de una comprensión *intelectual*; suscita en nosotros esa misma actitud emocional que avivó en el artista su impulso creador. Pero, ¿por qué no habría de ser posible comprender y expresar *con palabras* la intención del artista, como sí puede hacerse con cualquier otra manifestación de la vida psíquica? Quizá, con las grandes obras de arte, esto no pueda hacerse sin recurrir al análisis. La obra misma tiene, en definitiva, que facilitar este análisis, en la medida en que es la expresión, efectivamente recibida por nosotros, de las intenciones e impulsos del artista. Y para adivinar esta intención debo antes poder descubrir el *sentido* y el contenido de lo representado en la obra, esto es, debo poder *interpretarla*. Es, por tanto, posible que una obra de arte precise ser interpretada, y que sólo entonces podamos saber por qué nos causa tan poderosa impresión. Quiero creer, incluso, que esta impresión no se verá mermada por semejante análisis.

Consideremos, por ejemplo, el *Hamlet*, una de las obras maestras de Shakespeare, representada por vez primera hace ya más de trescientos años.[1] Estoy al tanto de las investigaciones psicoanalíticas, y comparto la idea de que sólo el psicoanálisis ha sabido resolver el enigma en torno al efecto que esta obra nos produce, al relacionar la tragedia con el tema de Edipo. Pero hasta entonces, ¡cuántas supuestas y tan contradictorias interpretaciones! ¡cuántas y tan diversas opiniones sobre el carácter del príncipe y las intenciones del autor! ¿Quiso Shakespeare despertar simpatías por un enfermo, por inadaptado? o ¿por un idealista demasiado bueno para este mundo? ¡Y cuántas de estas interpretaciones nos dejan tan fríos, que nada nos ayudan a explicar el efecto de la obra, y nos inducen a pensar que su poder radica en la brillantez de sus reflexiones y la excelencia de su estilo! ¿No será que todos estos esfuerzos de interpretación demuestran, precisamente, que nuestra emoción viene suscitada por un poder más radical?

La estatua marmórea de Moisés, erigida por Miguel Ángel en la iglesia de San Pietro in Vincoli de Roma, es otra de estas magnas y enigmáticas obras de arte. Como sabemos, la estatua no es sino un fragmento del colosal mausoleo que el artista debía levantar para guardar los restos del poderoso pontífice Julio II.[2] Todo juicio laudatorio sobre esta obra de arte (como el de Hermann Grimm, según el cual se trataría de "la corona de la escultura moderna") me causa íntima satisfacción, pues ninguna otra escultura me ha producido jamás tan poderosa impresión. ¡Cuántas veces he subido la empinada escalinata que conduce desde el triste Corso Cavour a la solitaria plaza en la que se alza, abandonada, la iglesia! Y siempre he intentado sostener la mirada colérica del héroe bíblico; aunque, alguna vez, me he deslizado temeroso fuera de la penumbra de la nave, como si yo mismo perteneciera a esa chusma que su mirada fulmina; esa chusma incapaz de mantenerse fiel a sus

---

1. Estrenada, se cree, en 1602.
2. Según Henri Thode, la estatua se esculpió entre 1512 y 1516.

convicciones, que ni cree ni espera, y se regocija ruidosamente al recuperar su ilusorios ídolos.

Pero, ¿por qué la califico de enigmática? Es indudable que representa a Moisés, el legislador de los judíos, y las Tablas de la Ley. De esto no
cabe duda, pero poco más se sabe. Aún hace poco, en 1912, un crítico
de arte, Max Sauerlandt, ha podido decir que: "Sobre ninguna obra de
arte han recaído juicios tan contradictorios como sobre este Moisés con
cabeza de Pan. La simple interpretación de la figura suscita plantea-
mientos de lo más contradictorios..." Basándome en un ensayo publicado hace cinco años,[3] señalaré las dudas que plantea la interpretación
de este Moisés, y no creo que me resulte difícil mostrar cómo detrás de
esas dudas se esconden los elementos esenciales y más pertinentes para
la comprensión de esta obra de arte.

---

3. Henri Thode, *Michelangelo, Kritische Untersuchungen über seine Werke*, 1908.

I

El *Moisés* de Miguel Ángel se nos muestra sentado, con el tronco de frente y la cabeza y la mirada vueltas hacia la izquierda; el pie derecho descansa sobre el suelo, en tanto que el izquierdo se alza apoyado solamente en los dedos; el brazo derecho toca las Tablas de la Ley y una parte de la barba; el izquierdo reposa sobre el regazo. De querer dar una descripción más detallada, tendría que adelantar mucho de lo que luego habré de exponer. Las descripciones de los críticos son, por cierto, singularmente inexactas. Lo que no han comprendido, lo interpretan y exponen incorrectamente. H. Grimm dice que la mano derecha, "bajo cuyo brazo reposan las Tablas de la Ley, ase las barbas". Y lo mismo W. Lübke: "Irritado, agarra con la mano derecha su magníficamente caudalosa barba..."; Springer: "Moisés aprieta contra su cuerpo una de sus manos (la izquierda) y, con la otra, como inconscientemente, coge la barba poderosa y ondulante". Para Carl Justi, los dedos de la mano derecha juguetean con la barba, "como el hombre de hoy, nervioso, juega con la cadena del reloj". También Müntz sostiene que juega con la barba. Thode no reconoce este ademán de excitación y habla de la "posición serena y firme de la mano derecha sobre las Tablas de la Ley. La mano permanece tal como estaba, asiendo la barba, antes que el titán volviera la cabeza a la izquierda". Jakob Burckhardt pretende que "el famoso brazo *izquierdo* no hace en el fondo más que apretar la barba contra su cuerpo".

Si ya estas descripciones generales no coinciden, no nos sorprenderá la discrepancia en la interpretación de rasgos aislados de la estatua. Por mi parte, creo imposible caracterizar la expresión fisonómica de Moisés mejor que Thode, el cual lee en ella una "mezcla de cólera, dolor y desprecio: la cólera, en el entrecejo contraído; el dolor, en la mirada, y el desprecio, en el labio inferior resaltado y las comisuras de la boca

curvadas hacia abajo". Pero otros admiradores han debido de ver la
estatua con ojos muy distintos. Así, para Dupaty: "Esa frente augusta
parece como un velo transparente que apenas logra cubrir un espíritu
inmenso". En cambio, Lübke dice: "Sería inútil buscar en la cabeza la
expresión de una inteligencia superior; sólo la capacidad de una enorme cólera, de una energía arrolladora, se expresa en su ceño fruncido".
Guillaume (1875) se aleja todavía más en la interpretación de la expresión fisonómica, pues no ve en ella emoción alguna, "sólo orgullosa
sencillez, nobleza de espíritu y la energía de la fe. La mirada de Moisés
penetra en el futuro, como si presintiera la duración de su raza y la
inmutabilidad de su Ley." De manera parecida, Müntz proyecta la
mirada de Moisés más allá del género humano, "como si estuviera
absorto en los misterios que sólo él conoce." Para Steinemann, este
Moisés "ya no es el legislador inflexible ni el temible enemigo del pecado, contra el cual fulmina la cólera de Jehová, sino el sumo sacerdote,
en el que los años no dejan huella alguna y que, bendiciendo y profeti-
zando, con un fulgor de eternidad en la frente, se despide para siempre
de su pueblo".

Para unos, el *Moisés* de Miguel Ángel no dice, en definitiva, nada, y
así lo han manifestado. Según un crítico de la *Quarterly Review* (1858):
"Hay una falta de significado en la concepción general que excluye la
idea de un conjunto que se baste a sí mismo". Y sorprende comprobar,
en fin, que para otros la estatua nada tiene de admirable, y le reprochan
la brutalidad de su postura y la animalidad de su cabeza.

Lo que el maestro dejó escrito en la piedra, ¿lo hizo realmente con
letra tan imprecisa o equívoca como para dar pie a lecturas tan dispa-
res?

Pero otra pregunta se impone sobre todas estas dudas: ¿quiso Miguel
Ángel crear en este Moisés "un carácter y una expresión intemporales"
o, por el contrario, representó al héroe bíblico en un momento determinado y muy significado de su vida? Son mayoría los críticos que se

decantan por esto último y señalan incluso el momento de la vida de Moisés inmortalizado por el artista: se trataría del instante en que, tras su descenso del monte Sinaí, donde recibió de manos de Dios las Tablas de la Ley, advierte que, en su ausencia, los judíos han construido un becerro de oro, en torno al cual danzan jubilosos. Esta es la escena que sus ojos contemplan y que suscita en él los sentimientos que sus rasgos expresan; sentimientos que están alimentando el impulso de su inmediato y violento gesto. MiguelÁngel ha elegido el instante de la última vacilación, de la calma precursora de la tempestad. En el instante inmediato, Moisés se erguirá violento –el pie izquierdo ya se alza del suelo–, arrojará de sus manos, quebrándolas, las Tablas de la Ley y descargará su ira sobre los apóstatas.

Nuevamente, los que comparten esta interpretación difieren en el análisis de los detalles.

Para Burckhardt, "Moisés aparece representado en el momento en que advierte la adoración del becerro de oro y va a levantarse irritado. Late en su figura la preparación a un movimiento violentísimo, que la potencia física de su figura hace terriblemente amenazador".

Según W. Lübke, es "como si sus ojos, que fulminan rayos, acabaran de descubrir la adoración del becerro de oro, y un impulso interior recorre violentamente toda la figura. Estremecido, se coge con la mano derecha la barba caudalosa, como si quisiera dominar aún por un momento su impulso para darle curso después con más terrible energía".

Springer comparte esta opinión, no sin formular alguna reserva, sobre la cual habremos de volver más adelante: "Penetrado de energía y de rabia, el héroe domina con inmenso esfuerzo su agitación interior... Por eso imaginamos involuntariamente una escena dramática y suponemos que Moisés está representado en el momento en que ve la adoración del becerro de oro y va a alzarse ardiendo en cólera. Sin embargo, esta suposición probablemente no coincida con la verdadera intención del artista, ya que la figura de Moisés, lo mismo que las otras cinco estatuas sedentes del proyectado monumento funerario, habían de producir un efecto ante todo decorativo; pero el que, no obstante, esta suposición se imponga, no es sino prueba concluyente de la plenitud de vida y la esencial individualidad de la figura de Moisés."

Algunos autores, aunque no avalen la hipótesis de la escena del becerro de oro, coinciden, sin embargo, con el punto esencial de esta interpretación, a saber, que Moisés aparece representado en el momento de alzarse y pasar a la acción.

Para Hermann Grimm, "la figura aparece penetrada de nobleza, de consciencia de la propia dignidad y de determinación, como si este hombre dominara los rayos del cielo, pero se contuviera antes de desencadenarlos, esperando ver si los enemigos a los que quiere exterminar se atreven a atacarle. Está sentado como disponiéndose a alzarse, con la cabeza orgullosamente erguida, con la mano, bajo cuyo brazo reposan las Tablas de la Ley, asida a la barba que fluye caudalosa sobre su pecho, con las aletas de la nariz muy abiertas y con una boca en cuyos labios parecen temblar ya las palabras."

Heath Wilson dice que Moisés ha visto algo que ha captado su atención y se dispone a levantarse bruscamente, pero aún vacila. La mirada, en la que se mezclan la indignación y el desprecio, aún podría transformarse en compasiva.

Wölfflin habla de "movimiento inhibido". El motivo de la inhibición estaría en la voluntad de la persona misma; de la representación del último instante de contención antes de una acción violenta, antes de ponerse bruscamente en pie.

Justi ha sido quien más minuciosamente ha razonado la hipótesis según la cual Moisés acaba de advertir la adoración del becerro de oro, y reforzándola con detalles de la estatua hasta entonces no observados. Nos señala la posición singular, en efecto, de las dos Tablas de la Ley, que estarían a punto de resbalar sobre el asiento de piedra: "o Moisés está mirando en dirección al lugar desde el que llegan a él los rumores, y su rostro refleja un irritado presentimiento, o ya habría visto con estupor la abominación y, estremecido de horror y de dolor, se ha dejado caer en su asiento.[4] Cuarenta días con sus cuarenta noches permaneció en la cima de la montaña, por lo que se le supone cansado. El momento es de magnas proporciones: un gran destino, un gran sacrilegio o, incluso, una gran felicidad pueden percibirse en un instante, pero no ser aún aprehendidos en su esencia, alcance y sus secuelas. Por un instante le parece destruida su obra y desespera de aquel pueblo. En ese momento, la agitación interior se delata en pequeños movimientos involuntarios. Deja que las Tablas de la Ley, que mantenía en su mano derecha, resbalen hasta quedar de canto sobre el asiento de piedra, sujetas con el antebrazo contra el costado. La mano, en cambio, se acerca al pecho y a la barba, y al girar la cabeza hacia la derecha, tira de la barba hacia la izquierda, alterando la simetría del frondoso ornato masculino; parece como si los dedos juguetearan con la barba, como el hombre de hoy, nervioso, juega con la cadena del reloj. La izquierda se hunde en el ropaje del regazo (las entrañas son, en el Antiguo Testamento, la sede de las pasiones). La pierna izquierda, sin embargo, aparece ya echada hacia atrás, y adelantada la derecha; al instante inmediato Moisés se levantará airado, y la energía psíquica pasará de la sensación a la voluntad, el brazo derecho se moverá, las Tablas de la Ley caerán al suelo y ríos de sangre lavarán la afrenta de la apostasía...". "No es éste aún el momento en que se desencadena la acción. Aún domina, casi paralizante, el dolor del alma."

De manera muy parecida se expresa Fritz Knapp, adhiriéndose a segunda parte de la descripción de Justi, y analizando más consecuen-

---

4. Conviene señalar que la cuidada disposición del manto sobre las rodillas de la figura sentada deshace la verosimilitud de esta primera parte de la descripción de Justi. Antes cabe pensar más bien que Moisés está representado cuando, sentado serenamente, queda atrapado por una visión repentina.

temente el movimiento ya indicado de las Tablas: "Moisés, que acaba-
ba de hallarse a solas con Dios, se ve distraído por rumores humanos.
Oye ruido; los cánticos que acompañan las danzas le arrancan de sus
ensueños. Su cabeza y sus ojos se vuelven hacia el ruido. Sobresalto,
cólera, toda la furia de hirvientes pasiones recorren la figura del coloso. Las Tablas de la Ley comienzan a resbalar de sus manos, y caerán,
rompiéndose, al suelo al levantarse bruscamente el coloso, para lanzar
a las masas apóstatas tonantes palabras de cólera... Este momento de
máxima tensión es el elegido...". Knapp recalca, pues, la preparación a
la acción, y no cree, considerando la intensa emoción, que el artista
pretendiera representar una inhibición inicial.

No negaremos que interpretaciones como las de Justi y Knapp tienen
ciertamente algo de atractivo. Y esto se debe a la circunstancia de que
no se limitan a la impresión de conjunto que causa la figura, sino que
analizan detalles particulares de la misma, que otros observadores,
subyugados y paralizados por la impresión general, omiten considerar.
La cabeza y los ojos vueltos decididamente hacia la izquierda, mientras
el resto del cuerpo permanece recto, concuerdan con la hipótesis de
algo atrajo repentinamente la atención del sedente en descanso. El pie
izquierdo, alzado, no permite apenas otra interpretación que la de una
disposición a levantarse;[5] y la muy singular posición de las Tablas, que
son objetos sagrados y no meros ornamentos que pueden ponerse en
cualquier lugar, se explica si se considera que han resbalado a consecuencia de la excitación de su portador, y acabarán por caer al suelo.
Así, pues, sabríamos que esta estatua de Moisés representa un momento determinado y decisivo de su vida, y no corremos tampoco peligro
de equivocarnos en cuanto al momento de que se trata.

Pero dos observaciones de Thode nos arrebatan lo que ya creíamos
poder dar por sentado. Sostiene, en efecto, que para él las Tablas de la

5. Aunque el pie de la estatua, por lo demás muy plácida, del Giuliano sentado de la capilla de los Médici, se levanta de la misma manera.

Ley no están en trance de resbalar, sino "perfectamente quietas", y señala "la posición firme e inmóvil de la mano derecha sobre las Tablas puestas de canto". Si observamos este detalle de la estatua, habremos de reconocer sin reserva alguna que Thode está en lo cierto. Las Tablas de la Ley están firmemente sujetas y no corren peligro alguno de resbalar. La mano derecha las apoya o se apoya en ellas. Lo cual no explica desde luego su posición, pero sí invalida la interpretación de Justi y otros.

Una segunda observación resulta aún más decisiva. Thode recuerda que "esta estatua fue proyectada como elemento de una serie de seis y que aparece representada en posición sedente. Ambas circunstancias contradicen la hipótesis de que Miguel Ángel quiso fijar un momento histórico determinado. Pues en cuanto a lo primero, la tarea de agrupar seis figuras sedentes yuxtapuestas como tipos de la naturaleza humana (*vita activa, vita contemplativa*) excluye la representación de hechos históricos específicos. Y con respecto a la segunda, la posición sedente, impuesta por el mismo monumento en cuanto conjunto, contradiría la naturaleza misma de ese acontecimiento, es decir, el descenso desde el Sinaí hacia el campamento."

Hagamos nuestras estas observaciones de Thode. A mi juicio, podremos darles incluso más fuerza. El *Moisés* debía adornar, con otras cinco estatuas (tres en un proyecto posterior), el basamento del sepulcro. Su pareja inmediata hubiera debido ser un *San Pablo*. Dos de las otras, la *Vida activa* y la *Vida contemplativa*, fueron erigidas personificadas en Lea y Rachel erguidas, en el monumento que hoy vemos lamentablemente disminuido. Pero fueron representadas en pie. Esta pertenencia del *Moisés* a un conjunto hace imposible la hipótesis de que la figura hubiera de suscitar en el espectador la idea de que iba a levantarse en el acto para entregarse a una acción violenta. Si las figuras restantes no debían representar también igual actitud de preparación a la acción –lo cual es muy inverosímil–, habría dado pésima impresión el que precisamente una de ellas pudiera sugerirnos la idea de que va a abandonar su puesto y a sus compañeros, es decir, a sustraerse a su misión en el conjunto del monumento. Ello daría lugar a una evidente incoherencia que no cabría atribuir, de ser absolutamente necesario, al gran artista. Una figura dotada de tal movimiento habría sido absolutamente incompatible con la impresión que debía producir el monumento funerario.

Así, pues, este Moisés no debe querer levantarse; debe poder permanecer en soberana calma, como las otras estatuas y como la proyectada estatua del Papa mismo (que Miguel Ángel no llegó a realizar). Pero entonces el Moisés no puede ser la representación del hombre poseído de cólera, que, al descender del Sinaí, ve a su pueblo entregado a la apostasía y arroja contra el suelo, quebrándolas, las Tablas de la Ley. Y, en efecto, recuerdo mi decepción cuando en mis primeras visitas a la iglesia de San Pietro in Vincoli me sentaba ante la estatua, esperando ver cómo se alzaba violenta, arrojaba las Tablas al suelo y descargaba su cólera. Nada de ello sucedió; por el contrario, la piedra se iba haciendo vez más inmóvil; una santa y casi agobiante inmovilidad emanaba de ella, y sentía que allí estaba representado algo inmutable para siempre, que aquel Moisés permanecería allí eternamente sentado y encolerizado.

Ahora bien: si tenemos que renunciar a la interpretación de la estatua como representación del instante previo a la explosión de cólera ante la visión del ídolo, apenas nos queda otra opción que aceptar la idea de que este *Moisés* representa un carácter. En este sentido, el análisis menos arbitrario y mejor fundado en los motivos del movimiento de la estatua parece ser el de Thode: "En este caso, como siempre, se trata para Miguel Ángel de crear un tipo de carácter. Erige la figura de un apasionado guía de la Humanidad, que, consciente de su divina misión legisladora, tropieza con la resistencia incomprensiva de los hombres. Para caracterizar a tal hombre de acción, no hay otro modo que hacer visible la energía de su voluntad, representando un sobresalto que se deja entrever detrás de la aparente serenidad; sobresalto que se manifiesta en el giro de la cabeza, en la tensión de los músculos y en la posición de la pierna izquierda. Son los mismos recursos de expresión que en la representación del vir activus, es decir, del Giuliano, de la capilla de los Médici. Esta característica general queda recalcada al reflejar el conflicto en virtud del cual el genio reformador de la Humanidad encarna la generalidad: la cólera, el desprecio y el dolor alcanzan aquí su expresión típica. Sin este conflicto no sería posible intuir la esencia de tal superhombre. Lo que Miguel Ángel ha creado no es una imagen histórica, sino un tipo de carácter de insuperable energía, capaz de dominar un mundo refractario. De este modo, ha conjugado los rasgos descritos en la Biblia y sus propias vivencias interiores, con impresiones emanadas de la personalidad de Julio II, así como, a mi juicio, de la combatividad de Savonarola."

La observación de Knackfuss casa bien con la idea de Thode: el secreto de la impresión que produce el Moisés radica en el contraste todo artístico entre el fuego interior y la serenidad exterior de la actitud.

Por mi parte, nada tengo que objetar a la explicación de Thode, pero sí echo algo en falta: acaso la necesidad de explicar mejor la relación más íntima entre el estado de ánimo del héroe y el contraste de "serenidad aparente" y "agitación interior" expresado en su actitud.

II

Mucho antes de saber de la existencia del psicoanálisis supe que un crítico de arte ruso, Iván Lermolieff, cuyos primeros trabajos se publicaron en alemán entre 1874 y 1876, había provocado una revolución en los museos de Europa, al revisar la atribución de muchos cuadros, al enseñar a distinguir con seguridad las copias de los originales y configurar así, con las obras liberadas de anteriores atribuciones, nuevas personalidades artísticas. A estos resultados llegó prescindiendo de la impresión de conjunto y acentuando la importancia específica de los detalles secundarios, de minucias tales como la estructura de las uñas, el contorno de las orejas, las aureolas y otros elementos que el copista suele obviar y que cada artista ejecuta de un manera que le es propia. Supe después que detrás del seudónimo ruso se ocultaba un médico italiano llamado Morelli, fallecido en 1891, cuando era senador del Reino de Italia. A mi juicio, su método muestra grandes afinidades con la técnica médica del psicoanálisis. También el psicoanálisis acostumbra deducir de rasgos obviados o inobservados, del residuo, del "refuse" de la observación, cosas secretas o escondidas.

Pues bien: en dos partes de la estatua de Moisés hallamos detalles que hasta ahora no han sido atendidos, ni siquiera correctamente descritos; detalles que se refieren a la posición de la mano derecha y de las Tablas de la Ley. Esta mano media de un modo singular, forzado, y que requiere explicación, entre las Tablas y la barba del héroe encolerizado. Se ha dicho que hunde sus dedos entre la barba, que juguetea con los rizos mientras apoya el borde del dedo meñique en las Tablas. Nada de esto es exacto. Vale la pena examinar con cuidado lo que hacen los dedos de esta mano derecha y describir con exactitud la frondosa barba con la cual entran en contacto. Vemos entonces, con toda claridad, que el pulgar de la mano queda oculto, y el índice, y sólo él, entra en contacto con la barba. Pero se hunde tan profundamente en la blanda masa pilosa, que ésta sobresale por encima y por debajo del dedo. Los otros tres dedos, doblados por sus falanges, se apoyan en el pecho, apenas rozados por el último rizo diestro de la barba. Se han alejado, por así decir, de la barba. No puede, por tanto, decirse que la mano derecha juguetea con la barba o se hunde en ella; lo único exacto es que un sólo dedo, el índice, aparece colocado sobre una parte de la barba y produce en ella una profunda depresión. Apretar un dedo contra la barba es, ciertamente, ¡un ademán extraño y difícilmente comprensible!

La muy admirada barba del Moisés cae desde las mejillas, desde el labio superior y desde la barbilla, en multitud de rizos, cuyo curso podemos distinguir. Uno de los rizos extremos del lado derecho parte de la mejilla y llega al borde superior del dedo índice, por el cual queda sujeto. Podemos suponer que se desliza hacia abajo, entre el índice y el pulgar oculto. El rizo correspondiente del lazo izquierdo fluye, casi sin desviación, hasta por debajo del pecho. La espesa masa de cabellos que va desde este último rizo hasta la línea media ha corrido una suerte singularísima: no puede seguir el movimiento de la cabeza hacia la izquierda y se ve obligada a formar una curva blandamente enrollada, una especie de guirnalda, que cruza por encima de la masa de cabellos interiores de la derecha. Está sujetada, en efecto, por la presión del índice derecho aunque haya nacido a la izquierda y constituya, en realidad, la parte principal de la mitad izquierda de la barba. La masa principal de la barba aparece, por tanto, llevada a la derecha, aunque la cabeza se vuelva resueltamente hacia la izquierda. Ahí donde se hunde el índice se ha formado como un remolino de cabellos: rizos de la parte izquierda se superponen a otros de la derecha, comprimidos todos por el dedo índice. Sólo más allá de este lugar surgen, tras haber sido desviadas de su curso, ya libres las masas de cabellos para caer perpendiculares hasta que sus extremos son acogidos por la mano izquierda, que reposa, abierta, sobre el regazo.

Poco confío en la claridad de mi descripción, y no me atrevo a aventurar juicio alguno sobre si el artista nos ha facilitado la explicación de ese remolino o nudo en la barba. Pero no cabe contestar lo siguiente: la presión del índice de la mano derecha recae principalmente sobre mechones de la mitad izquierda de la barba, y esta presión impide que la barba siga el movimiento de la cabeza y de los ojos hacia la izquierda. Cabe, entonces, preguntarse qué significa esta disposición y a qué motivos obedece. Si hubieron de ser, realmente, razones de línea y espacio las que movieron al artista a llevar hacia la derecha la masa fluyente de la barba del Moisés que mira hacia la izquierda, usar la presión de un único dedo ¡parece un recurso singularmente inadecuado para lograr tal efecto! ¿Quién, tras haber recogido por la razón que fuere hacia una lado su barba se preocuparía de sujetar hacia la izquierda una mitad de la misma con la presión de un solo dedo? ¿Quizá estos detalles no signifiquen nada, y estemos dándole vueltas a cosas que al artista le eran indiferentes?

Prosigamos, sin embargo, nuestro análisis bajo la premisa de que también estos detalles entrañan un sentido. Hallamos entonces una solución que deshace las dificultades y nos permite vislumbrar un sentido nuevo.

El hecho de que en la figura de Moisés los rizos izquierdos de la barba estén sujetos por la presión del índice derecho, puede, quizá, explicarse como resto de un contacto de la mano derecha con la mitad izquierda de la barba, contacto que en un instante anterior al representado habría sido mucho más estrecho. La mano derecha habría asido mucho más enérgicamente la barba, llegando hasta el borde izquierdo de la misma, y, al retraerse a la posición que en la estatua vemos, la siguió una parte de la barba, dando así testimonio del movimiento ejecutado. La guirnalda que la barba forma sería la huella de la trayectoria seguida por dicha mano. Habríamos inducido así un movimiento regresivo de la mano derecha. Esta hipótesis nos impone ineludiblemente otras

varias. Nuestra fantasía completa el gesto, cuyo movimiento atestigua
la huella dejada en la barba, y nos remite de nuevo a la interpretación
según la cual, hallándose Moisés en actitud reposada, se vio sobresalta-
do por el clamor del pueblo y la vista del becerro de oro. Se hallaba
tranquilamente sentado, mirando de frente, con la barba bajando recta
sobre el pecho y sin que la mano derecha tuviera probablemente contacto ninguno con ella. En esto llegan a sus oídos los clamores del pueblo; vuelve la cabeza y la mirada hacia el lugar en que resuenan; con-
templa la escena y se da cuenta en el acto de lo que sucede. La indignación y la cólera se apoderan de él, y quisiera saltar de su asiento para
castigar a los sacrílegos, aniquilándolos. Entre tanto, su furia, que se
sabe aún alejada de su objeto, se dirige, en un ademán, contra el propio
cuerpo. La mano impaciente, dispuesta a la acción, ase la barba, que
había seguido el movimiento de la cabeza, y la aprieta, tensa, entre el
pulgar y la palma, con los dedos cerrados, en un gesto de fuerza y vio-
lenciaque recuerda otras figuras de Miguel Ángel. Pero luego –no sabemos aún cómo ni por qué–, hay un cambio: la mano derecha, adelantada y hundida en la barba, retrocede rápidamente, soltando su presa;
los dedos se separan de la barba; pero se habían hundido tan profundamente en ella, que al retirarse arrastran consigo un gran mechón
hacia la derecha, donde queda cruzado, bajo la presión de uno de los
dedos, el superior, y más extendido, por encima de los mechones de la
derecha. Y esta nueva posición, que sólo se explica en virtud del movimiento anterior, es la que queda fijada.

Reflexionemos. Hemos supuesto que la mano derecha no estaba al
principio en contacto con la barba; que luego, en un momento de máxima tensión, avanzó hacia la izquierda asiendo la barba, y que, por último, volvió atrás, llevándose consigo una parte de la misma. Hemos
movido esta mano como si dispusiéramos libremente de ella. Pero,
¿nos es lícito hacerlo? ¿Está, en realidad, totalmente libre esa mano?
¿No tiene que mantener o sostener las Tablas de la Ley, estándole así

vedadas, por su importante misión, semejantes libertades? Y, además, ¿qué puede hacerla retroceder, si para abandonar su posición inicial ha obedecido a un poderoso motivo?

Henos, pues, ante nuevas dificultades. No cabe duda de que la mano derecha está relacionada con las Tablas. Y tampoco podemos negar que nos falta un motivo que pudiera provocar el retroceso supuesto. Pero, ¿y si las dos dificultades se resolvieran recíprocamente y revelaran entonces un proceso comprensible, sin la menor laguna? ¿Si precisamente lo que ocurre con las Tablas nos explicara el movimiento de la mano?

Respecto a las Tablas, conviene señalar algo que ha pasado hasta ahora inadvertido. Se suele decir, en efecto, que la mano se apoya en las Tablas o, también, que las sostiene. Vemos, en efecto, las dos Tablas rectangulares, juntas y puestas de canto (Fig. D). Pero si las consideramos

Fig. D

más detenidamente, hallamos que su borde inferior es distinto del superior que aparece oblicuamente inclinado hacia adelante. El borde superior es rectilíneo, y, en cambio, el inferior muestra, en su parte anterior, un saliente, a manera de un pequeño cuerno, y precisamente con él es con lo que las Tablas tocan el asiento de piedra. ¿Cuál puede ser la significación de este detalle, inexactamente reproducido, por cierto, en la copia en yeso conservada en la Academia de Bellas Artes de Viena? Es casi indudable que el saliente designa el borde superior con relación a la escritura: sólo el borde superior de estas Tablas rectangulares suele estar redondeado o rebajado. Así, pues, en la estatua de Moisés, las Tablas de la Ley aparecen boca abajo, lo cual es ciertamente una posición muy singular para objetos tan sagrados. Aparecen boca abajo y como balanceándose sobre una punta. ¿Qué factor pudo contribuir a esta disposición? ¿O quizá el artista no dio importancia a este detalle?

Surgen en este punto la hipótesis de que también las Tablas han llegado a esta posición como consecuencia de un movimiento ya cumplido; que este movimiento dependió de ese supuesto cambio de posición de la mano derecha, y que, a su vez, el movimiento de las Tablas, forzó el posterior retroceso de la mano. Los movimientos de la mano y las Tablas se combinan, por lo tanto, como sigue: en un principio, cuando la figura se hallaba tranquilamente sentada, sostenía las Tablas levantadas bajo el brazo derecho. La mano derecha asía sus bordes inferiores, y encontraba al hacerlo un apoyo en el saliente, dirigido hacia adelante. Esta mayor facilidad para su sostén explica la posición invertida de las Tablas. Llegó entonces el momento en que la tranquilidad fue perturbada por el ruido. Moisés volvió la cabeza, y al ver la escena movió el pie izquierdo, disponiéndose a alzarse; la mano soltó las Tablas y avanzó hacia la izquierda y hacia arriba, asiendo la barba como para desahogar su violencia en su propio cuerpo. Las Tablas quedaron entonces confiadas a la presión del brazo derecho, que debía apretarlas contra el pecho. Pero esta sujeción no fue suficiente, y empezaron a resbalar hacia adelante y hacia abajo; el borde superior, antes horizontal, se inclinó también hacia adelante y hacia abajo, y el inferior, privado de su sostén, se acercó con su punta anterior al asiento de piedra. Un momento más y las Tablas habrían basculado sobre su nuevo punto de apoyo, dando en el suelo con el borde, antes anterior, y rompiéndose. Para evitarlo, la mano derecha retrocede, soltando la barba, parte de la cual es arrastrada sin querer en el movimiento; alcanza aún las Tablas, y se apoya cerca de su esquina posterior, ahora superior. De este modo, este singular y forzado conjunto que constituyen la barba, la mano y las Tablas descansando sobre una esquina sería consecuencia del movimiento airado. Para contrarrestar el efecto del movimiento impetuoso, habrá que levantar el ángulo anterior superior de las Tablas y hacerlo retroceder hasta el plano general de la figura, y, de este modo, separar del asiento el ángulo anterior inferior (con el saliente), bajar la mano y situarla debajo del borde inferior de las Tablas que, así, recuperarían su posición horizontal. He hecho hacer por un artista tres dibujos que ilustran mi descripción. El tercero muestra la estatua tal y como la vemos; los otros dos representan los estados previos: primero, el reposo y, luego, el momento de violenta tensión; preparación del impulso, suelta de las Tablas por la mano e inminente caída de éstas. Como se puede ver, las dos reproducciones complementarias se ajustan a las descripciones inexactas antes mencionadas. Por ejemplo, Condivi, un coetáneo de Miguel Ángel, dijo: "Moisés, el caudillo de los hebreos, aparece sentado en la actitud de un sabio, absorto en hondas meditaciones: sujeta debajo del brazo derecho las Tablas de la Ley, y apoya la barbilla en la mano izquierda (!), como alguien que está fatigado y lleno de preocupaciones." Nada de esto se ve en la estatua de Miguel Ángel, pero coincide, sin embargo, casi por completo con la hipótesis representada en el primer dibujo. W. Lübke, coincidiendo con otros observadores, escribe: "Estremecido, se coge con la mano derecha la barba, caudalosa...". Lo cual es inexacto en cuanto a la estatua misma, pero coincide con el segundo de nuestros dibujos. Como indicamos antes, para Justi y Knapp las Tablas están a punto de resbalar y caer. Thode los corrigió, haciendo ver que las Tablas están firmemente sujetas por la mano derecha; pero Justi y Knapp habrían estado en lo cierto si, en lugar de describir la estatua, hubieran querido describir nuestro dibujo intermedio. Diríase que estos autores habrían prescindido de la imagen real de la estatua y, sin darse cuenta, habrían descrito los motivos del movimiento de la misma, en un análisis que los habría llevado a las mismas conclusiones que nosotros hemos sentado de manera más consciente y precisa.

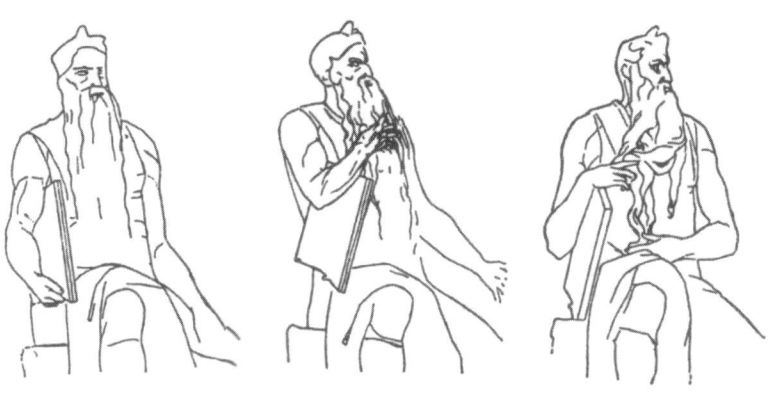

Fig. 1   Fig. 2   Fig. 3

III

Si no me equivoco, ya podemos cosechar el fruto de nuestros esfuerzos. Lo hemos visto: para muchos a los que la estatua impresiona, la interpretación que se impone es la de que representa a Moisés bajo los efectos de la visión de la apostasía de su pueblo. Pero hemos tenido que renunciar a esta interpretación, toda vez que implicaba que Moisés estaría por alzarse y, tras dejar caer las Tablas, llevar a cabo la obra de la venganza, lo cual contradice el destino de la estatua como elemento del sepulcro de Julio II, junto con otras cinco, o tres, figuras sedentes.

Podemos ahora retomar esta interpretación, pero sabiendo que nuestro Moisés ya no se alzará airado ni arrojará lejos de sí las Tablas. Lo que en él vemos no es el inicio de una acción violenta, sino el residuo de una emoción que se desvanece. Poseído de cólera, quiso alzarse, precipitarse y tomar venganza, olvidando las Tablas; pero dominó la tentación y permanece sentado, domada su furia con una mezcla de dolor y desprecio. Ya no arrojará las Tablas, quebrándolas contra la piedra, pues es precisamente por ellas por las que ha dominado su ira, es para salvarlas por lo que refrenó su apasionado impulso. Cuando en el primer momento se abandonó a su indignación tuvo que descuidarlas, soltando la mano que las sujetaba. Entonces, las Tablas empezaron a resbalar y corrieron peligro de caer al suelo. Pero esto le retuvo: recordó su misión superior, y renunció por ella a satisfacer su arrebato. Su mano retrocedió y salvó las Tablas, que resbalaban, antes que pudieran caer. En esta actitud de espera quedó, y así lo representó Miguel Ángel, como guardián del sepulcro.

Si recorremos de arriba abajo la figura, hallamos en ella una triple estratificación: los rasgos del rostro reflejan las emociones que se imponen, la parte media del cuerpo refleja los signos del movimiento reprimido, y el pie muestra aún la postura de la acción inicialmente propuesta. Es como si el dominio de la pasión hubiera seguido una trayectoria vertical de arriba abajo.

El brazo izquierdo, del que aún no hemos hablado, también parece exigir su parte en nuestra interpretación. La mano izquierda reposa sobre el regazo y parece acariciar los extremos de la barba. Da la impresión de querer compensar la violencia, con la que un momento antes la mesó la mano derecha. Se nos opondrá en este punto una objeción: éste no es el Moisés de la Biblia, el cual sí dio rienda suelta a su cólera y sí arrojó las Tablas contra el suelo, quebrándolas, sino otro Moisés completamente distinto, creado por el artista, el cual se habría permitido enmendar los textos sagrados y falsear el carácter del hombre divino. ¿Podemos suponer a Miguel Ángel capaz de semejantes libertades, rayanas en el sacrilegio?

Los pasajes de la Sagrada Escritura, en los que se describe la conducta de Moisés en la escena de la adoración del becerro de oro, dicen así:

"7) Yahvé dijo a Moisés: '¡Anda, baja! Porque se ha pervertido tu pueblo, el que sacaste del país de Egipto.'

8) Bien pronto se han apartado del camino que yo les había prescrito. Se han hecho un becerro fundido, y se han postrado ante él; le han ofrecido sacrificios y han dicho: 'Este es tu Dios, Israel, el que te ha sacado del país de Egipto'.

9) Y añadió Yahvé a Moisés: 'Ya he visto que este pueblo es un pueblo de dura cerviz.'

10) 'Déjame ahora que se encienda mi ira contra ellos y los devore; de ti, en cambio, haré un gran pueblo'.

11) Pero Moisés trató de aplacar a Yahvé su Dios, diciendo: '¿Por qué, oh Yahvé, ha de encenderse tu ira contra tu pueblo, el que tú sacaste del país de Egipto con gran poder y con mano fuerte?'

14) Y Yahvé renunció a lanzar el mal con que había amenazado a su pueblo.

15) Moisés se volvió y bajó del monte, con las dos tablas del Testimonio en su mano; tablas escritas por ambos lados; por una y otra cara estaban escritas.

16) Las tablas eran obra de Dios, y la escritura era escritura de Dios, grabada en las tablas.

17) Josué oyó las voces del pueblo que gritaba y dijo a Moisés: 'Hay gritos de guerra en el campamento'.

18) Respondió Moisés: 'No es grito de victoria, no es grito de derrota. Es grito de algazara lo que oigo'.

19) Al acercarse al campamento y ver el becerro y las danzas, Moisés ardió en ira, arrojó las tablas y las hizo añicos al pie del monte.

20) Luego tomó el becerro que habían hecho y lo quemó; lo molió, lo esparció en el agua y se lo dio a beber a los israelitas.

30) Al día siguiente, Moisés dijo al pueblo: 'Habéis cometido un gran pecado; ahora subiré a Yahvé; acaso pueda obtener el perdón para vuestro pecado.'

31) Moisés volvió a Yahvé y dijo: 'Este pueblo ha cometido un gran pecado al hacerse un dios de oro.'

32) 'Pero ahora, ¡si quieres perdonar su pecado!, si no bórrame del libro que has escrito.'

33) Yahvé respondió a Moisés: 'Al que haya pecado contra mí, lo borraré yo de mi libro.'

34) 'Ahora ve y conduce al pueblo donde te he dicho. Mi ángel irá delante de ti, mas llegará un día en que los castigaré por su pecado'.

35) Y Yahvé castigó al pueblo por lo que había hecho con el becerro fabricado por Aarón."

La influencia de la exégesis moderna nos hace imposible leer estos pasajes sin encontrar en ellos señales de una síntesis poco hábil de varias fuentes. En el versículo octavo, el Señor mismo comunica a Moisés que su pueblo se ha apartado del camino recto y se ha hecho un ídolo. Moisés intercede por los pecadores. Pero en el versículo 18 se comporta ante Josué como si no supiera nada, y en el 19 arde en ira al contemplar la escena de idolatría. En el versículo 14 ha logrado ya el perdón de Dios para su pueblo pecador, pero en el 31 y siguientes sube de nuevo a la montaña para implorar tal perdón; informa al Señor de la apostasía del pueblo, y recibe la seguridad de que el castigo será aplazado. El versículo 35 se refiere a un castigo del pueblo por Dios, del que nada se dice cuando ya en los versículos del 20 al 30 se ha descrito el juicio y la sentencia, que el mismo Moisés ha hecho cumplir. Sabido es que las partes históricas de este libro, que trata del Éxodo, aparecen plagadas de incongruencias y contradicciones aún más palmarias.

Para los hombres del Renacimiento no era concebible, naturalmente, ninguna crítica de los textos bíblicos; lo consideraban coherente, aunque estimaran que no ofrecía un buen punto de apoyo al arte descriptivo. El Moisés del pasaje de la Biblia ya había sido informado de la idolatría de su pueblo, y había optado por la benignidad y el perdón; no obstante, sucumbió luego a un ataque de ira a la vista del becerro de oro y de la multitud danzando jubilosa alrededor del mismo. No sería, pues, de extrañar que el artista, cuyo propósito era representar la reacción del héroe a esta dolorosa sorpresa, hubiera prescindido del texto bíblico por motivos internos. Tales desviaciones de la literalidad de la Sagrada Escritura por motivos más fútiles no era nada inhabitual ni estaban vedadas al artista. Un famoso cuadro del Parmigianino, conservado en su ciudad natal, nos muestra a Moisés sentado en la cumbre de una montaña y en el momento de arrojar contra el suelo las Tablas de la Ley, aunque el versículo bíblico dice textualmente: "... y quebrólas al pie del monte". Ya la representación de un Moisés sedente se desvía del texto bíblico y parece dar más bien la razón a aquellos críticos según los cuales laestatua de Miguel Ángel no intenta reproducir ningún momento determinado de la vida del héroe. Más importante que la infidelidad para con el texto sagrado es quizá la transformación introducida por Miguel Ángel, según nuestra interpretación, en el carácter de Moisés. Según el testimonio de la tradición, Moisés era un hombre iracundo y sujeto a bruscas explosiones de cólera. En uno de sus ataques de santa ira había dado muerte a un egipcio que maltrataba a un israelita, a consecuencia de lo cual tuvo que huir al desierto. Y en otro arrebato análogo de ira quebró contra el suelo las Tablas que Dios mismo había escrito. Al informarnos de esos rasgos de carácter, la tradición es seguramente imparcial y ha transmitido la impresión de una magna personalidad que realmente existió. Pero Miguel Ángel ha puesto en el sepulcro de Julio II otro Moisés, un Moisés superior al histórico o tradicional. Ha elaborado el tema de las Tablas quebradas y no hace que las quiebre la cólera de Moisés, sino que, por el contrario, el temor a que las Tablas se rompan apacigua su cólera o, cuando menos, la inhiba en el momento de actuar. Con ello introduce algo nuevo y sobrehumano en la figura de Moisés, y la enorme masa corporal y la prodigiosa musculatura de la estatua son tan sólo un medio de expresión para reflejar el logro psíquico más formidable que puede alcanzar el ser humano: vencer las propias pasiones en beneficio de una misión a la que se ha consagrado.

En este punto llega a su fin nuestra interpretación de la estatua de Miguel Ángel. Aún cabe formular una pregunta: ¿cuáles fueron los motivos que indujeron al artista a escoger, para el sepulcro de Julio II, a Moisés y, más aún, a un Moisés así transformado? Muchos, y unánimemente, sostienen que esos motivos deben buscarse en el carácter del Papa y en las relaciones que Miguel Ángel tenía con él. Julio II era afín a Miguel Ángel por cuanto aspiraba a realizar grandes y poderosas cosas, especialmente, grandiosas por su dimensión. Era un hombre de acción, y conocemos cuál era su propósito: aspiraba a realizar la unidad de Italia bajo la soberanía del Papado. Lo que sólo varios siglos después se lograría, mediante la conjunción de otras fuerzas, quiso conseguirlo él solo y en el corto espacio de tiempo y de soberanía que le era acordado, impacientemente y por medios violentos. Supo estimar a Miguel Ángel como a un igual, pero le hizo también sufrir muchas veces con su cólera y su desconsideración. El artista conocía también lo extremado de sus propias aspiraciones, y su naturaleza, profundamente reflexiva, le hizo quizá sospechar el fracaso al que ambos estaban abocados. Y así eligió su Moisés para el sepulcro del Papa como un reproche al difunto Pontífice y una admonición a sí mismo, elevándose con esta crítica por encima de su propia naturaleza.

IV

En el año 1863, un inglés, W. Watkiss Lloyd, dedicó un librito al *Moisés* de Miguel Ángel.[6] Cuando conseguí hacerme con un ejemplar, de sólo 46 páginas, su contenido despertó en mí sentimientos muy varios, dándome ocasión de comprobar qué infantiles y poco dignos motivos intervienen a menudo en nuestra labor al servicio de una gran causa. Lamenté que Lloyd hubiera anticipado tanto de lo que yo estimaba como resultado de mis propios esfuerzos, y sólo en segunda instancia pude alegrarme de la inesperada corroboración que me ofrecía. Aunque, es cierto, nuestro análisis difiere en un punto decisivo.

Lloyd empieza observando que las descripciones habituales de la estatua son, por lo general, inexactas; que Moisés no se dispone a levantarse; que la mano derecha no ase la barba, y que sólo su dedo índice reposa sobre ella. También constata, y esto es más importante, que la actitud de la estatua sólo puede explicarse teniendo en cuenta el instante inmediatamente anterior, no representado, y que la superposición de la parte izquierda de la barba sobre los rizos de la derecha indica que la mano derecha y la mitad izquierda de la barba han estado, justo antes, en íntimo contacto. Pero toma otro camino para reconstruir esta relación necesaria: no dice que la mano avanzó hacia la parte izquierda de la barba, sino que esta última se hallaba junto a la mano. Hemos de imaginarnos, dice, que "un momento antes del repentino giro hacia la izquierda, la cabeza de la estatua se hallaba vuelta hacia la derecha por encima de la mano que sostenía y sostiene las Tablas de la Ley". La presión de la palma de la mano sobre las Tablas hace que los dedos se abran naturalmente bajo los rizos de la barba, y el súbito giro de la cabeza hacia la izquierda tiene por consecuencia que una parte de los rizos

6. W. Watkiss Lloyd, *The Moses of Michel-Angelo*, London, William and Norgate, 1863.

quede retenida, durante unos instantes, por la mano que ha permanecido quieta, formándose así esa guirnalda de rizos, que debe ser considerada como una huella del movimiento cumplido por la mano.

De la otra posibilidad de un acercamiento anterior de la mano y la barba prescinde Lloyd guiado por una reflexión que demuestra lo cerca que estuvo de nuestra interpretación. No considera posible que el profeta, incluso en el momento de máxima agitación, adelantara la mano para tirar su barba hacia un lado, pues en tal caso la posición de los dedos habría sido muy otra, y además, como consecuencia de este gesto, las Tablas de la Ley, mantenidas tan sólo por la presión de la mano, habrían caído; a no ser que se supusiera a la figura, para retenerlas, "un ademán tan torpe que el solo hecho de atribuírsela constituiría una profanación".

No es difícil advertir cuál es la omisión en que incurre Lloyd. Ha interpretado acertadamente las singularidades de la barba como signo de un movimiento completado, pero luego omite aplicar la misma conclusión a los detalles, no menos forzados, de la posición de las Tablas. Utiliza tan sólo los indicios que se desprenden de la posición de la barba, y no los que nos proporcionan las Tablas, cuya situación supone igual al principio y al final. De este modo se cierra el camino hacia una interpretación como la nuestra, que recalcando unos detalles poco significados llega a una interpretación sorprendente de toda la figura y de los propósitos que la animan.

Pero, ¿y si ambos estuviéramos equivocados? ¿Y si hubiéramos dado excesiva importancia a detalles irrelevantes para el artista, que los plasmó así arbitrariamente o tan sólo obedeciendo a motivos formales, sin encerrar en ellos secreto alguno? ¿Y si hubiéramos corrido la suerte de tantos intérpretes, que creen ver claramente lo que el artista no pretendió, ni consciente ni inconscientemente, crear?

No sabría decidirlo. Tampoco sabría decir si es lícito atribuir una indecisión tan ingenua a un artista de la talla de Miguel Ángel, en cuyas obras luchan por lograr expresión tantas ideas, y precisamente ante los rasgos singulares y extraños de la estatua de Moisés. Por último, puede añadirse con toda humildad que la causa de esta inseguridad debe compartirla, con el intérprete, el artista. En sus creaciones, Miguel Ángel ha llegado muchas veces al límite más extremo de lo que el arte puede expresar; quizá en el Moisés no consiguiera plenamente su intención, si ésta fue la de dejar adivinar la tempestad suscitada por una violenta agitación mediante las señales que, pasada la tormenta y restablecida la calma, perduran.

APÉNDICE (1927)[7]

Varios años después de la aparición de mi ensayo sobre el Moisés de Miguel Ángel, publicado en 1914 por la revista *Imago*, la amabilidad de E. Jones hizo llegar a mis manos un número del *Burlington Magazine for Connoisseurs* (núm. CCXVII, volumen XXXVIII, abril 1921), que despertó de nuevo mi interés sobre la interpretación que propuse de esa obra de arte. Este número de la mencionada revista incluye un breve artículo de H. P. Mitchell sobre dos bronces del siglo XII, conservados en el Ashmolean Museum de Oxford, y atribuidos a un gran artista de aquella época: Nicolás de Verdún, del cual existen otras creaciones en Tournai, Arrás y Klosterneuburg, cerca de Viena, y en Colonia, donde se conserva la que se considera como su obra maestra: *El relicario de los Reyes Magos*.

Una de las dos estatuillas estudiadas por Mitchell es un Moisés (de unos 23 centímetros de altura), indudablemente identificado por las Tablas de la Ley, visibles a su izquierda. También este Moisés se nos muestra sentado y envuelto en un manto de múltiples pliegues; su rostro ofrece una expresión apasionada, sobresaltada, quizá dolorosa, y su mano derecha ase la larga barba y aprieta sus rizos entre el pulgar y la palma como con unas tenazas, ejecutando, así, el mismo movimiento representado en la figura núm. 2 de mi ensayo, como estadio previo a la actitud en la que hoy vemos petrificado al Moisés de Miguel Ángel.

El *Moisés* del artista de Lorena sostiene las Tablas por su borde superior con su mano izquierda y las apoya sobre la rodilla; si transferimos las Tablas al otro lado y las confiamos al brazo derecho, tendremos la situación inicial correspondiente al *Moisés* de Miguel Ángel. Y si mi concepción del gesto de asirse la barba es admisible, el *Moisés* del año

7. Publicado en el volumen XIII, fasc. 4, de la revista *Imago*, 1927.

1180 reproduciría un instante de la tempestad de pasiones, y en cambio, la estatua de San Piero in Vincoli, la calma después de la tempestad.

Creo que este hallazgo avala la verosimilitud de la interpretación propuesta por mí en 1914. Quizá algún crítico de arte pueda llenar el intervalo temporal entre el *Moisés* de Nicolás de Verdún y el del maestro del Renacimiento italiano, indicando otros tipos intermedios de Moisés.

Nicolás de Verdún (1130-1205), *Moisés*
Ashmolean Museum de Oxford

Apéndice 2a
¿QUIÉN ES ULISES?*
[A PROPÓSITO DE LA NOVELA DE JAMES JOYCE]

Carl Gustav Jung

El título *Ulises* se refiere al libro de James Joyce y no al asendereado e ingenioso Ulises de los remotos tiempos homéricos, que con su astucia y su actividad supo sustraerse a la venganza de los dioses y de los hombres, para retornar, tras penoso viaje, al hogar patrio. El *Ulises* de Joyce es, en rigurosa oposición con su antiguo homónimo, una conciencia inactiva, meramente perceptiva, o más bien un simple ojo, una oreja, una nariz, una boca, un nervio táctil, expuesto sin freno ni selección a la catarata turbulenta, caótica, disparatada de los hechos físicos y psíquicos que registra casi fotográficamente.

Ulises (décima edición inglesa de 1928) es un libro que fluye a lo largo de 735 páginas, una corriente de tiempo de 735 días, compuestos de un único y vacuo día de la vulgaridad cotidiana de todo el mundo, el intrascendente 16 de junio de 1904, en Dublín, en el que, en el fondo, nada sucede. El raudal empieza en nada y acaba en nada. ¿Trátase de una verdad a lo Strindberg, única, monstruosamente larga, embrollada hasta lo más intrincado, y –para espanto del lector– jamás agotada,

* Artículo publicado en la revista alemana *Europäische Revue*, núm. septiembre 1932, una década después de la publicación de la obra de James Joyce. Traducción de Santiago Rueda publicada en Buenos Aires en 1944 en su propia editorial.

sobre la esencia de la vida humana? Tal vez lo sea sobre la "esencia", pero desde luego lo es sobre sus diez mil superficialidades y sus cien mil submatices. No existen en estas 735 páginas, en cuanto mi vista alcanza, ninguna repetición sensible, ni un solo oasis bienaventurado donde el agobiado lector, borracho de recuerdos, pueda sentarse y contemplar con satisfacción el camino recorrido –digamos de cien páginas, por ejemplo–, aunque sólo fuera el recuerdo de un lugar común que apaciblemente hubiera vuelto a deslizarse en algún paraje inesperado; no, atropellado y revuelto corre un torrente inaplicable e ininterrumpido, cuya velocidad e ininntermitencia crecen todavía en las cuarenta últimas páginas, hasta perder los signos de puntuación; todo ello para llegar a expresar, del modo más feroz, el vacío asfixiante, sentido o estirado hasta lo insoportable. Este vacío, absolutamente desesperante, es la tónica del libro entero. No sólo empieza y acaba en la nada, sino que se compone también de puras nadas.[1] Todo ello es de un nihilismo infernal, un magnífico engendro del infierno, decididamente brillante si se considera el libro desde el punto de vista técnico de una obra de arte.[2]

Tenía yo un tío anciano, que pensaba en forma rectilínea. Detúvome un día en la calle, y me preguntó: "¿Sabes con qué atormenta el diablo a las almas en el infierno?". Ante mi respuesta negativa, continuó: "Las hace esperar". Dicho esto, prosiguió su camino. Esta observación se me vino a las mientes al abrirme paso por el *Ulises*. Cada frase es una expectación que no se satisface; al fin, por pura resignación, nada se espera ya, y con reiterado espanto se columbra poco a poco que eso es lo que hay que hacer. En realidad, nada sucede, nada adviene,[3] y, sin embargo, página a página, va infiltrándose una secreta esperanza en

---

1. Así se expresa Joyce (*Work in Progress*, Transition, París): "We may come, touch and go, from atoms and ifs, but we are presurely destined to be odds without ends."
2. E. R. Curtius (*James Joyce y su Ulises*, Zúrich, 1929) llama al *Ulises* "un libro de Lucifer". "Es una obra del anticristo."
3. E. R. Curtius: "La sustancia de la obra de Joyce es un nihilismo metafísico". Cap. I, pág. 60 y siguientes.

conflicto con una resignación desesperanzada. Las 735 páginas, que nada contienen, no son, ni mucho menos, papel blanco, sino que están cubiertas de apretados caracteres. Se lee y relee y se cree comprender lo que se lee. De cuando en cuando se cae por un escotillón en una nueva frase –pero uno se acostumbra a todo cuando se ha alcanzado el grado exacto de resignación. Así, presa de la desesperación leí hasta la página 135, en la que me quedé dormido dos veces. La fabulosa diversidad del estilo de Joyce produce un efecto monótono e hipnótico. Nada sale al encuentro del lector, todo se le desvía, dejando en su espíritu esa vaga curiosidad con que contemplamos lo que se va. Surge esta curiosidad, y no satisfecha en sí misma, sino irónica, sarcástica, virulenta, despreciativa, triste, desespera y desazona, y por esta causa, atrae perversamente la simpatía del lector, siempre que el sueño benéfico no interrumpa piadosamente este esfuerzo de energía. Al llegar a la página 135[4] caí definitivamente en un sueño profundo, tras algunos heroicos esfuerzos para entrar en el libro, o "hacerle justicia", como suele decirse. Cuando algún tiempo después desperté, habíanse aclarado de tal modo mis modos de ver que en este momento empecé a leer el libro hacia atrás.

Este método puede emplearse de igual modo que el corriente, es decir, que el libro puede leerse desde el final, puesto que no existen en

4. Las palabras mágicas que sirvieron para llamar el sueño a mis ojos se encuentran en la parte inferior de la página 134 y en la superior de la 135. Dicen así: "Aquella pétrea efigie en helada música, cornuda y terrible, de la divina forma humana, aquel símbolo eterno de sabiduría profética, que, si merece vivir algo de lo que la imaginación o la mano del escultor labró en mármol en cuanto a alma transfigurada y alma transfigurable, merece vivir". Aquí, somnoliento, pasé una página, y mi mirada se posó sobre el siguiente pasaje: "Un hombre ágil en el combate: con cuernos de piedra, barba de piedra, corazón de piedra". La frase refiérese a Moisés, que no se dejó sobrecoger por el poder de Egipto. Estas frases contienen el narcótico que me privó del conocimiento, pues removían un curso todavía inconsciente de ideas y que la consciencia hubiera estorbado. Como más tarde descubrí, se me insinuaba aquí por primera vez el conocimiento de la actitud del autor y de las ideas finales de su obra.

él ni antes ni después, ni arriba ni abajo. Todo había sido antes así, o bien habría de serlo en el futuro.[5] Con igual placer puede leerse una conversación desde el final, pues no destroza ninguna agudeza. Como conjunto, carece de ellas, pero cada frase es una agudeza. Puede también dejarse de leer en medio de una frase –la parte anterior de esa frase tiene todavía bastante *raison d'étre* para estar viva o parecerlo. El carácter vermiforme que crea una cola para la cortada extremidad de la cabeza, y una cabeza para la cola, impregna todo el libro. Esta cualidad inaudita y torcida del espíritu de Joyce muestra que su obra pertenece a la clase de los animales de sangre fría, y en especial, a la de los gusanos, los cuales, si fuesen capaces de hacer literatura, utilizarían para escribir, a falta de cerebro, el gran simpático.[6] Sospecho que algo semejante se da en Joyce, es decir, pensamientos[7] y sentimientos viscerales a consecuencia de una intensa opresión de la actividad cerebral, que, en su caso, se encuentra reducida esencialmente a la percepción. Es preciso admirar en Joyce sin reserva la actividad de los sentidos: lo que se ve y cómo lo ve, lo que escucha, huele y palpa es sobremanera sorpren-

5. Llevado hasta el extremo en *Work in Progress*. Carola Giedon Welcker dice certeramente (*Neue Schweiz*, Rundschau, 1929, pág. 666: "Ideas que siempre retornan, envueltas en mantos eternamente cambiables y transmutables, y proyectadas en una esfera irreal en absoluto. Un Todo tiempo, un Todo espacio".

6. En la psicología de Janet, llámase este fenómeno abaissement du niveau mental. Esto que en los dementes es involuntario, es en Joyce intención artística preconcebida, mediante la cual la riqueza y el profundo sentido grotesco del pensamiento onírico llega a las superficies sensibles, con exclusión de la fonction du réel, es decir, de la adecuada conciencia. De aquí la preponderancia de los automatismos espiritual e idiomático y el completo descuido de comunicabilidad y de sentido correspondiente.

7. Creo que Stuart Gilbert (*Das Rätsel Ulyses*, Zurich, 1932) tiene razón cuando reconoce que cada capítulo está presidido, entre otras, por la dominante de una entraña o de un órgano sensorio. Gilbert indica: Riñones, genitales, corazón, pulmones, esófago, cerebro, sangre, oído, músculo, ojos, nariz, matriz, nervios, esqueleto, carne. Estas dominantes funcionan como un leit motiv. La frase arriba citada, sobre el pensamiento visceral, la escribí yo en 1930. El testimonio de Gilbert es por esta causa para mí una valiosa corroboración del hecho psicológico de que en el *abaissement du niveau mental* se ponen de manifiesto los "representantes de los órganos" que dice Wernicke.

dente, tanto interior como exteriormente. El mortal corriente limítase, por lo común, si es especialista en la percepción, en la esfera de los sentidos, o a lo exterior, o a lo interior. Joyce conoce lo uno y lo otro. Las guirnaldas de series de asociaciones subjetivas se enlazan y mezclan a las figuras objetivas de una calle de Dublín. Lo objetivo y lo subjetivo, lo externo y lo interno, se infiltran recíproca y constantemente; tanto, que a pesar de toda la claridad de la imagen aislada, persiste en último término la duda de si se trata de una tenia física o trascendental.[8] La tenia es en sí todo un cosmos vital, y posee una fecundidad fabulosa; imagen que me parece horrenda, y sin embargo no del todo inadecuada para los capítulos de Joyce. En efecto, la tenia no puede producir otra cosa que una nueva tenia, pero esta facultad la posee en abundancia inagotable. El libro de Joyce podría contener lo mismo 1470 páginas que un múltiplo de esta cifra; sin embargo, su inmensidad no quedaría disminuida en una sola gota, ni tampoco sería dicho lo esencial. Mas ¿quiere Joyce decir algo esencial? ¿Tiene todavía ese prejuicio demodé una justificación de existencia? Oscar Wilde considera la obra de arte como algo completamente inútil. En nuestra época, ni el filisteo objetaría nada en contra de esta tesis; pero su corazón espera, no obstante, algo "esencial" de la obra de arte. ¿Dónde se esconde esto en Joyce? ¿Por qué no lo dice? ¿Por qué no lo muestra al lector, insinuándolo con gestos expresivos –una *semita sancta ubi stulti non errent?*

Sí, yo me sentí aturdido y desazonado. El libro no quería salir a mi encuentro, no hacía la más leve tentativa para encomendarse, y esto produce en el lector un irritante sentimiento de inferioridad. El filisteísmo existe, sin duda, en mi sangre en tal cuantía, que con toda ingenuidad supongo que un libro quiere decirme algo y que desea hacerse comprender; evidentemente, un antropomorfismo mitológico proyectado sobre el objeto, sobre el libro. En general, sobre este libro del que

---

8. E. R. Curtius: Cap. I, pág. 30: "Reproduce la corriente de la conciencia sin filtrarla lógica o éticamente".

no se puede tener una opinión –resumen de una enojosa derrota del lector inteligente, el cual, en definitiva, tampoco lo es– (valiéndome del sugestivo estilo de Joyce). Un libro, sin embargo, tiene un contenido, expone algo, mas yo sospecho que Joyce no ha querido "exponer" nada. ¿Se lo ha expuesto a él –y de aquí quizá esa soledad sin par, ese procedimiento sin testigos oculares, esa irritante descortesía para con el curioso lector? Joyce ha excitado mi indignación (jamás debe enfrentarse al lector con su propia tontería), pero *Ulises* la ha encauzado.

Un psiquiatra como yo ejerce siempre la terapéutica hasta consigo mismo. La irritación supone: "aun no has visto lo que hay detrás". De aquí que siga uno su enojo y extienda ante sí lo que inspira el mal humor.

Por consiguiente, esa indiferencia, esa desconsideración con la tentativa[9] benévola, comprensiva, bondadosa y justa de un representante del público inteligente y culto, este solipsismo, me ataca los nervios. Sí, este aislamiento frígido de su espíritu, que parece proceder de la región de los saurios, este ocuparse en las propias vísceras y con las propias vísceras, ese aislamiento es, sin duda, el de un hombre de piedra, y precisamente el de aquel Moisés de cuernos pétreos, barbas pétreas, entrañas petrificadas, que en su indiferencia pétrea vuelve la espalda lo mismo a los pucheros de carne que a los dioses de los egipcios, lastimando con ello intensamente los sentimientos más benévolos del lector.

De este pétreo inframundo álzase la visión de la tenia, de movimientos peristálticos y ondulaciones serpentinas, que produce un efecto monótono a causa de su eterna reproducción proglotídea. Cierto que ningún proglótido es enteramente igual a los otros, aun cuando son parecidos hasta confundirse. En cada una de las partes, por pequeña que sea, del libro, el propio Joyce es, a la vez, él mismo y el contenido exclusivo del trozo. Todo es nuevo y todo ha existido siempre desde el

9. E. R. Curtius: Cap. I, pág. 8: "El autor ha evitado todo lo que podría facilitar la comprensión al lector".

principio. ¡Suma subordinación a la naturaleza! ¡Qué opulencia y qué... tedio! Joyce me aburre hasta arrancarme lágrimas, pero es un fastidio irritante, peligroso, como no podría producirlo ni aun la trivialidad más enojosa. Es el tedio de la naturaleza, el monótono silbido del viento en los acantilados de las Hébridas, la salida y la puesta del sol en el Sahara, el bramido del mar... como dice Curtius con mucha razón, "música temática wagneriana", y sin embargo, repetición eterna. Pese a toda su desconcertante diversidad, existen en Joyce (¿impremeditadamente?) "motivos". Acaso él no quisiera tener ninguno; pues ni la causalidad ni la finalidad tienen en su mundo espacio ni sentido, como tampoco los valores. Mas los "motivos" son inevitables; constituyen el esqueleto de todo proceso espiritual, por más que uno se esfuerce en desleír el alma en el hecho, cosa que Joyce ha realizado con toda consecuencia. Todo parece como si careciese de alma, toda la sangre caliente se ha enfriado, y con glacial egoísmo pasan rodando los hechos... ¡y qué hechos! Desde luego, nada agradable, nada confortante, nada esperanzador; todo gris, horrible, siniestro, patético, trágico e irónico, todas las vivencias sombrías, y a tal punto caóticas, que hay que buscar con lupa la conexión de los motivos. Y, no obstante, están allí, en primer término, bajo la forma de un resentimiento inconfesado del carácter más personal, detritos de una historia juvenil amputada a la fuerza; ruinas de la historia del espíritu, expuestas a la multitud boquiabierta, en su estado actual de mísera desnudez. La prehistoria religiosa, erótica y familiar refléjase en las turbias superficies del raudal de los acontecimientos; más aún, incluso se hace manifiesta la disgregación de su personalidad en dos personajes distintos: el hombre puramente sensible, trivial, de Bloom, y el hombre exclusivamente mental, especulativo, casi gasiforme, Stephen Daedalus, para lo cual el primero carece de hijo y el segundo de padre.

Es probable que exista alguna coordinación o correspondencia oculta entre los capítulos –y, en efecto, existen a este respecto sospechas fundadas–,[10] bien que en todo caso está tan bien encubierta, que por mi parte no la he podido descubrir tampoco. A mi irritada impotencia tampoco le habría interesado en lo más mínimo, al igual que no le interesa la monotonía de cualquier comedia humana vulgar.

El *Ulises*, que ya tuve en la mano en 1929 y, tras algunas lecturas no muy numerosas, hube de dejar, desengañado e irritado, me aburre todavía hoy tanto como entonces. ¿Por qué, pues, escribo sobre él? Tan lejos estaba esto de mi ánimo como el hacerlo sobre cualquier otra forma de "superrealismo" (¿qué es superrealismo?), que sobrepasa mi inteligencia. Escribo sobre Joyce porque un editor ha cometido la imprudencia de preguntarme lo que sobre él pensaba y, en especial, sobre el *Ulises*, acerca del cual las opiniones continúan, como es sabido, divididas. Lo único que no ofrece duda es que el *Ulises* es un libro con diez ediciones y que su autor ha sido, ya elevado a las nubes, ya condenado como un réprobo. Pero es el centro de las discusiones y por ello constituye en todo caso un fenómeno junto al cual un psicólogo no puede, sin más, pasar indiferente. Joyce produce un efecto considerable sobre sus contemporáneos. Y este es el hecho que en primer lugar encontraba más interesante en *Ulises*. Si este libro hubiera desaparecido sin ruido en la sima del olvido, jamás hubiera vuelto a tomarlo; pues si me excitaba sobremanera y me divertía un poco, en lo esencial suponía una amenaza de tedio, por temor de que fuese un engendro producido por un capricho creador negativo, ya que sólo ejercía sobre mí un efecto negativo.

Pero yo estoy prevenido. Soy psiquiatra y eso significa prevención profesional frente a todas las manifestaciones psíquicas. Por ello advierto al lector que la tragicomedia humana media, el lado sombrío y frío de la existencia y el gris turbio del nihilismo psíquico son mi pan cotidiano, melodía monótona, insípida y sin atractivo. Nada de todo

---

10. Véase E. R. Curtius, cap. I, págs. 2 y siguientes, y Stuart Gilbert, cap. I, pág. 14.

eso me conmueve ni me emociona, puesto que profesionalmente he tenido que remediar estados tan lamentables con demasiada frecuencia. Mi obligación es hacer siempre algo contra ellos y la compasión sólo la prodigo cuando no se me vuelven las espaldas. *Ulises* me volvía las espaldas. Quiere continuar cantando en el vacío su melodía sin fin, la melodía que yo conozco hasta la saciedad, juntamente con el sistema de escala de cuerda del pensamiento visceral repetido sin tregua, de la actividad cerebral restringida a la mera percepción, un estado que pretende valer por sí mismo y que no muestra ninguna disposición a ser reconstruido. (El lector experimenta con dolor que ha sido pasado por alto.) Lo destructivo ha sido convertido en fin por sí mismo. No queda otro recurso que apartarse a un lado, como en todo suicidio en serio.

Mas no sólo eso; lo mismo ocurre con la sintomatología. Es demasiado conocida; así son los interminables escritos de los enfermos mentales, que sólo disponen de una consciencia fragmentaria y que por esta causa padecen de una carencia completa de juicio y una atrofia para los valores. A ello se debe el que se presente con frecuencia una intensificación en la actividad de los sentidos: la acuidad de la observación, la memoria fotográfica para las percepciones, la curiosidad de los sentidos hacia dentro y hacia fuera, la preponderancia de los motivos retrospectivos y de los resentimientos, la mezcla delirante de lo psíquico-subjetivo con la realidad objetiva, una exposición literaria que, con sus neologismos, sus citas fragmentarias, sus asociaciones motoras de sonidos y palabras, bruscas transiciones e interrupciones de sentido prescinde sin respeto del lector y, por último, una atrofia del sentimiento que no retrocede ante ninguna extravagancia, ni ante ningún cinismo. Aun para el profano, sería fácil advertir la analogía entre el estado mental de la esquizofrenia con el *Ulises*. El parecido llega a ser tan considerable que un lector mal dispuesto no tiene reparo en dar de lado al libro diagnosticándole de "esquizofrenia". Para el psiquiatra la analogía es evidente; si bien siempre podría hacerse resaltar que falta, en grado considerable, un indicio característico de los enfermos mentales: la estereotipia. El *Ulises* es todo menos monótono en el sentido de repetición. (Esto no supone una contradicción con lo antes dicho. En general, no puede decirse nada contradictorio acerca del *Ulises*.) La exposición es lógica y fluida, todo se mueve, no hay nada rígido. El conjunto es arrastrado por un río subterráneo y vivo, que muestra una tendencia unitaria y una rigurosa selección; signo inequívoco de que existe una voluntad personal unitaria y una intención que va derecha a su objetivo. Las funciones espirituales no se manifiestan espontáneas o sin elección, sino sometidas al más severo control. Antepónense por doquier las funciones perceptivas, la sensación y la intuición, en tanto que las funciones enjuiciadoras, el pensamiento y el sentimiento están suprimidos con la misma consecuencia. Estos últimos aparecen sólo tratados, a su vez, como contenidos, como objetos de la percepción. La tendencia general a destacar el lado sombrío del espíritu y del mundo es mantenida constantemente, no obstante la tentación frecuente a sucumbir ante una belleza que emerge. Rasgos son estos que no se encuentran en el enfermo mental corriente. Pero claro es que queda todavía el enfermo no habitual. Pero para éste el psiquiatra carece de un criterio. La anormalidad psíquica puede también ser un estado de salud incomprensible a la razón media o una potencia mental superior.

Jamás se me ocurriría explicar el *Ulises* como un producto esquizofrénico. Además, que nada se ganaría con ello, pues lo que queremos saber es por qué produce tan gran efecto, y no si el autor es esquizofrénico en mayor o menor grado. El *Ulises* no es un producto morboso, como tampoco lo es todo el arte moderno. Es "cubista" en el sentido más profundo, en cuanto que disuelve la imagen de la realidad en un cuadro complejo, indefinido, cuya nota tónica es la melancolía de la objetividad abstracta. El cubismo no es una enfermedad, sino una tendencia, sea que reproduzca la realidad en una forma grotescamente objetiva o en una forma grotescamente abstracta. El cuadro patológico de la esquizofrenia ofrece con él una mera analogía, puesto que aparentemente el esquizofrénico tiene la misma tendencia a apartarse la realidad o –al revés– apartarse de la realidad. En él es indudable que; esto no es por lo regular propósito consciente, sino un síntoma, que se produce necesariamente por la primigenia disgregación de la personalidad en fragmentos de personalidad (llamados complejos autónomos). En los artistas modernos no es una enfermedad del individuo lo que produce esa tendencia, sino un fenómeno de la época. No obedece a ningún impulso individual, sino a una corriente colectiva que, sin duda, no tiene su fuente inmediata en la consciencia, sino más bien en el inconsciente colectivo de la psique moderna. Puesto que se trata de una manifestación colectiva, sus efectos déjanse sentir de modo idéntico en los sectores más diversos, en la pintura como en la literatura, en la escultura como en la arquitectura. (Por lo demás, es significativo que uno de los padres espirituales de estas manifestaciones haya sido un verdadero enfermo mental –Van Gogh.)

La desfiguración de la belleza y del sentido por la grotesca objetividad o por una irrealidad igualmente grotesca es, en los enfermos, una manifestación secundaria de la destrucción de su personalidad, mientras que en los artistas ya es un propósito creador. Más aún: para vivir y soportar la expresión de la destrucción de su personalidad en su creación artística, el artista moderno encuentra, justamente en lo destructivo la unidad de su persona artística. La satánica inversión de lo que tiene sentido en lo absurdo, de la belleza en la fealdad, la semejanza casi dolorosa de lo insensato con lo que tiene sentido, y la en verdad excitante belleza de lo horrible, son expresión de un acto creador que no había experimentado todavía en tal escala la historia del espíritu, aun cuando en si y por sí nada es nuevo por principio. Algo semejante observamos en el perverso cambio de estilo en la época de Amenofis IV, en el pueril corderito simbólico del primer cristianismo, en las lamentables figuras, humanas de los primitivos prerrafaelistas y en el complicado retorcimiento, que se ahoga a sí mismo, del estilo barroco decadente. A pesar de su extremada diversidad, todas estas épocas tienen un parentesco interno; son épocas de incubación creadora, cuyo sentido se explica poco satisfactoriamente mediante consideraciones causales. Tales manifestaciones psicológicas colectivas sólo descubren su sentido cuando se las considera como anticipaciones, es decir, teleológicamente.

La época de Amenofis (Ecnatón) es la cuna del primer monoteísmo, que mediante la tradición judía continuó incorporado al mundo. El bárbaro infantilismo del cristianismo primitivo no significa otra cosa que la transformación del Imperio romano en un Estado de Dios. Los primitivos son los verdaderos precursores de una belleza corporal maravillosa, desaparecida del mundo desde la Edad Antigua. El barroco es el último estilo eclesiástico que, al destruirse a sí mismo, anticipaba el desbordamiento del espíritu dogmático medieval por el espíritu científico. Un Tiépolo que alcanza ya los límites peligrosos de la representación pictórica, no es considerado como personalidad artística, un fenómeno de la decadencia, sino que trabaja con toda la integridad creadora en pro de una disgregación que había llegado a ser necesaria. El apartamiento de los primeros cristianos del arte y de la ciencia de su tiempo no supone para ellos destrucción, sino una conquista humana.

Por ello nos permitimos atribuir un sentido y un valor creador positivo no sólo al *Ulises* sino, en general, al arte emparentado espiritualmente con él. En relación con la destrucción de los criterios de belleza y sentido predominantes hasta hoy, el *Ulises* obra de modo preeminente. Ofende el sentimiento usual, violenta brutalmente esa expectativa de sentido y de contenido que tenemos ante las obras de arte, se burla de toda síntesis. Sería malquerencia pretender buscar en él cualquiera clase de síntesis o "forma", pues –si se llegase a mostrar tales tendencias no modernas– se habría con ello señalado en el Ulises un sensible defecto de belleza. Todas las invectivas que sobre el Ulises se han acu-

mulado, prueban esa cualidad, pues se le denuesta por el resentimiento de lo moderno, que no quiere ver lo que aún le "ocultan los dioses
graciosamente".

Todo lo indomable, inabordable que bulle en la dionisíaca supera-
bundancia de Nietzsche y desbordó su intelecto psicológico (que
hubiese hecho todos los honores al "ancien régime"), se revela al fin con
los modernos en toda su pureza. Hasta las fases más oscuras del *Fausto
II*, hasta *Zarathustra*, o bien el *Ecce Homo*, pretendían "ofrecerse" al
mundo en una u otra forma. Pero sólo los modernos han logrado crear
el arte del dorso, o el dorso del arte, es decir, ese arte que ni en voz alta
ni en voz baja quiere ya "ofrecerse"; que al fin proclama a los cuatro
vientos de qué se trata, que quiere desentenderse de todo eso, que habla
ahora con aquella refractaria animadversión que tímidamente; es cierto, pero con notorios efectos perturbadores, pugnaba por mostrarse en
todos los precursores de los modernos (sin olvidar a Hölderlin) y que
redujo a migajas los viejos ideales.

Es por completo imposible desde una sola esfera comprender con
toda claridad de qué se trata. No nos encontramos ante un empellón
aislado que alguien produjo en un lugar determinado, sino frente a una
casi universal remoción del hombre moderno que está evidentemente
sacudiendo a un mundo decrépito. Como nos es imposible, por des-
gracia, ver el futuro, no sabemos hasta qué punto –en el más profundo
sentido– pertenecemos todavía a la Edad Media. A mí, por lo menos,
no me extrañaría que estuviésemos todavía metidos hasta las orejas en
esa Edad Media, desde el punto de vista de la alta atalaya del futuro.
Pues sólo tal estado de cosas podría explicar de modo satisfactorio por
qué existen libros u obras artísticas de la especie del *Ulises*. Son pur-
gantes drásticos cuya total eficacia se perdería en el vacío si no trope-
zase con la correspondiente resistencia, pertinaz y obstinada. Son una
clase de drásticos psicológicos que sólo tienen razón de ser cuando
chocan contra el material más duro y tenaz. Tienen de común con la

teoría freudiana que socavan con fanática parcialidad, valores, que, de todas maneras, ya se tambaleaban peligrosamente.

Aunque en apariencia de una objetividad casi científica y hasta sirviéndose en parte de un léxico "científico", el *Ulises* es de un parcialismo verdaderamente acientífico, es mera negación. Pero como tal es creador. Es destrucción creadora; carece de teatrales gestos herostráticos, pero supone un serio esfuerzo para poner ante los ojos de los contemporáneos la realidad tal cual es, no con intención maligna, sino con la inocente ingenuidad de la objetividad artística. Puede con toda tranquilidad tildarse al libro de pesimista, si bien al llegar muy a su final, hacia sus últimas páginas, se abre paso a través de las nubes una luz salvadora plena de presentimientos. No es más que una página contra 734, todas las cuales han surgido del Orco. Aquí y allí, entre el negro torrente de cieno, refulge un magnífico brillante que sirve para que aun el no moderno pueda columbrar que Joyce es un "artista", que puede ser –cosa que en modo alguno se advierte con tal claridad en los artistas de hoy en día– o es incluso, un maestro, pero un maestro que por elevados propósitos renuncia piadosamente a su anterior poder. Joyce ha continuado siendo aún en la inversión (no se confunda con "conversión") un piadoso católico. Emplea su dinamita, sobre todo, para las iglesias y las estructuras psicológicas creadas en otros tiempos por las iglesias, o influidas por ellas. Su "contra-mundo" es la atmósfera medieval, completamente provinciana, *eo ipso* católica, de Erín, que intenta gozar convulsivamente de su independencia política. Desde todos los países extranjeros en que se escribió el *Ulises*, el autor dirigió retrospectivamente sus miradas con lealtad y fijeza hacia la Madre Iglesia e Irlanda, utilizando el país extranjero sólo como áncora que había de preservar su buque del *maelstrom* de sus reminiscencias y de sus resentimientos irlandeses.

¡En definitiva, parece tratarse de un gesto que sólo ofrece un interés local y que podría dejar frío al ancho mundo! Mas no lo deja frío. El fenómeno local parece ser más o menos universal, a juzgar por su efecto en los contemporáneos. Por consiguiente, es que se acomoda, en general, a todos los contemporáneos. Tiene que haber una comunidad de modernos tan numerosa que ha podido devorar, desde 1922, diez ediciones del *Ulises*. Algo debe de decirles el libro, acaso revelarles incluso algo que antes no sabían y no sentían. El libro no les produce un tedio infernal, sino que les estimula, refresca, ilustra, convierte o subvierte, transportándolos a un estado apetecible, sin lo cual sólo el odio más virulento podría hacer posible que el lector leyese el libro desde la página 1 a la 735 con atención y sin ser presa fatal del sueño. Por esta causa presumo que la Irlanda católica y medieval tiene una extensión geográfica desconocida hasta ahora por mí, infinitamente mayor que la que se indica en los mapas corrientes. Esta Edad Media católica con sus señores Daedalus y Bloom parece ser algo, por decirlo así, universal; es decir, deben existir, poco más o menos, clases de población que, como en el *Ulises* hállanse de tal modo prendidas por el localismo espiritual, que se ha necesitado la materia explosiva de Joyce para hacer saltar su cierre hermético. Estoy convencido de que es así. Nos encontramos hoy metidos hasta las orejas en la Edad Media. Por ello se necesitan esos profetas negativos como Joyce (o Freud), a fin de hacer patente la realidad al contemporáneo influido una y otra vez por los prejuicios de la Edad Media. Esta labor gigantesca la llevaría mal, naturalmente, quien con cristiana benevolencia mirase con ojos contrariados el lado sombrío del mundo. Esto conduciría a una visión completamente apartada. No –Joyce es en ello un maestro–, esa revelación ha de tener lugar con la postura correspondiente. Sólo así se disparará el juego de las fuerzas emocionales negativas. El *Ulises* muestra cómo se tiene que hacer "retroceder la garra sacrílega" de Nietzsche. Lo presenta todo frío y objetivo, desdivinizado en una medida que ni el propio Nietzsche jamás soñó. Todo ello con la tranquila, pero absolutamente exacta presunción de que el efecto fascinador del localismo espiritual nada tiene que ver con la razón, mas sí todo con el ánimo. No vaya a creerse erróneamente que muestre Joyce un mundo horriblemente yermo, sin dios y sin espíritu, y que por ello es incomprensible que pueda nadie ir a buscar en su libro algo confortador. Por singular que esto parezca, es cierto, no obstante, que el mundo del *Ulises* es mejor que el de aquellos que se encuentran atados, sin esperanza, a la lobreguez de su localismo espiritual. Aunque prevalezca lo malo y lo destructor, junto a ello o mejor quizá por encima de ello, palpita también lo "bueno", lo tradicionalmente "bueno", pero que se manifiesta en la realidad como un tirano intolerante, como un ilusorio sistema de prejuicios, que del modo más inhumano cercena la posible riqueza de la vida real y ejerce sobre todos los que son sus prisioneros una opresión moral, insoportable a la larga. "Subversión de esclavos en la moral" sería un lema de Nietzsche propio para poner a la cabeza del *Ulises*. Lo que redime a los oprimidos es la apreciación "objetiva" de su mundo y su manera de ser. Así como el bolchevique de pura cepa se goza con su barba sin afeitar, el espíritu oprimido se siente feliz con poder decir objetivamente lo que existe en su mundo. Para el deslumbrado es un bien sustituir la luz por la oscuridad, y el desierto sin límites es un paraíso para el prisionero. Para el hombre medieval significa salvación dejar de ser de una vez hermoso, bueno y sensato; mas para los habitantes de las sombras no representan los ideales acciones creadoras, ni lumbreras en las altas montañas, sino el cabo de varas y las prisiones, una especie de policía metafísica, elaborada originalmente por el conductor de hordas Moisés, allá en lo alto del Sinaí, e impuesta luego con hábil *bluff* a los hombres.

Considerado desde un punto de vista causal, Joyce es una víctima de la autoridad católica, pero desde el punto de vista teleológico es un reformador a quien, de momento, le basta con la negación; un protestante que hasta nueva orden vive de su protesta. Mas para los modernos es característica la atrofia del sentimiento que empíricamente se encuentra siempre como reacción allí donde ha existido demasiado sentimiento, y en especial, demasiado falso sentimiento. La ausencia de sentimiento del *Ulises* es el contragolpe de la sentimentalidad insana. ¿Se es, en realidad, tan sentimental todavía hoy?

He aquí de nuevo una pregunta que debería responderse en un lejano futuro. Tenemos, sin embargo, algunos puntos de apoyo para afirmar que nuestro desvarío sentimental posee proporciones enteramente inconvenientes. ¡Piénsese en el papel catastrófico desempeñado por los sentimientos populares durante la guerra! ¡Piénsese en nuestra pretendida humanidad! Hasta qué punto es todo individuo víctima impotente, aunque no digna de lástima, de sus sentimientos, el psiquiatra sería el que más pudiera decir. El sentimentalismo es una superestructura superpuesta a la brutalidad. La insensibilidad es la posición contraria que se le corresponde, la cual sufre inevitablemente de los mismos defectos. El éxito del *Ulises* prueba que su insensibilidad produce también un efecto positivo, por lo cual es preciso inferir que existe un exceso de sentimientos, cuya extinción parece conveniente al individuo. En todo caso, estoy profundamente convencido de que nosotros no sólo estamos aprisionados en la Edad Media, sino también en el sentimentalismo y que por tal causa hemos de encontrar perfectamente comprensible que un profeta resucite una insensibilidad compensadora en nuestra cultura. Los profetas son siempre antipáticos y por lo regular tienen malas formas. Pero esto quiere decir que de cuando en cuando ponen el dedo en la llaga. Existen, como se sabe, profetas grandes y pequeños; la historia decidirá a cuál de estas clases pertenece Joyce. El artista es el portavoz de los secretos psíquicos de su época, involuntario como todo profeta auténtico, a veces inconsciente como un sonámbulo. Tiene la ilusión de que habla por sí mismo, mas quien habla por sus labios es el espíritu de su época, y éste lo que existe dice, puesto que actúa.

El *Ulises* es un *document humain* de nuestro tiempo, y más aún: es un secreto. Es muy cierto que puede desatar a los espiritualmente atados, y que su frialdad hiela hasta la médula el sentimentalismo, incluso el sentimiento normal. No obstante, estos efectos saludables no agotan su esencia. Que el malo sirva, incluso, de hombre bueno a la obra, es un interesante aperçu, mas no es satisfactorio. Hay vida dentro de ella, y la vida jamás es únicamente mala y destructora. Cierto que todo cuanto en primer lugar podemos comprender de esa obra es negativo y disolvente, pero se sospecha por debajo algo que escapa a nuestra percepción, un designio secreto que le presta sentido, y con ello, bondad. En resumidas cuentas –¿habría de ser "simbólica" esta abigarrada alfombra de palabras e imágenes?–, no hablo –¡por amor de Dios!– de ninguna alegoría, sino del símbolo como expresión de una entidad inaprehensible. Si fuera así, debía lucir en alguna parte, a través de la singular trama, el oculto sentido; habrían de resonar aquí y allá acentos ya percibidos en otros tiempos y en otros lugares, y lo sería en la forma de los extraños sueños y de las oscuras sapiencias de pueblos olvidados. No es posible negar estas posibilidades, mas yo no puedo encontrar la clave. Por el contrario, el libro me parece escrito con suma conciencia; no es ningún sueño ni una revelación de lo inconsciente. Hasta existe en él una premeditación más acentuada y una tendencia más exclusiva que en el *Zarathustra* de Nietzsche o en el *Fausto II* de Goethe. A esto se debe el que carezca de carácter simbólico. Se presiente, es cierto, un fondo arquetípico; tras Daedalus y Bloom están las eternas figuras del hombre espiritual y del hombre sensual; la señora Bloom oculta tal vez una ánima engolfada en las cosas terrenales; el propio *Ulises* sería el héroe…; pero la obra no apunta, en modo alguno, hacia ese fondo, sino que se aparta precisamente de él con plena y clara consciencia. Es evidente que no es simbólica y que no quiere serlo bajo ninguna circunstancia. Si a pesar de ello lo fuera en alguna de sus partes, es que el inconsciente habría gastado una broma al autor, a pesar de sus muchas precauciones. Pues "simbólico" quiere decir que la entidad, poderosa e inaprehensible, habita secretamente dentro del objeto, sea espíritu o mundo, y que el hombre realiza un esfuerzo desesperado para cautivar en una expresión el secreto que existe fuera de él. A este fin, debe el hombre dirigirse al objeto con todas sus fuerzas espirituales, y penetrar a través de todas las envolturas, para sacar a la luz del día el oro escondido celosamente en las ignotas profundidades.

Mas el efecto perturbador del *Ulises* reside en que tras miles y miles de envolturas nada se esconde, en que no se dirige ni al espíritu ni al mundo, y en que frío, como la luna, deja rodar, contemplándola desde una cósmica lejanía, la comedia del devenir, del ser y del pasar. Confío seriamente en que el *Ulises* no sea simbólico; pues, de lo contrario, habría fallado su propósito.

¿Qué misterio angustiosamente guardado tendría que ser para que se mantuviera oculto, con cautela sin igual, durante 735 insoportables páginas? Mejor es no perder tiempo y esfuerzo en la inútil búsqueda de escondidos tesoros. Nada en absoluto puede ocultarse tras ello, pues de lo contrario nuestra consciencia, enloquecida por los diez mil sobrehaces, se encontraría de nuevo desgarrada en espíritu y en mundo, perpetuando a los señores Daedalus y Bloom por toda la eternidad. Esto precisamente quiere impedirlo el *Ulises*; quiere ser un ojo lunar, una consciencia desligada del objeto, ni de los dioses ni del placer cautiva, ni sujeta por el amor o el odio, ni por el convencimiento o el prejuicio. *Ulises* no lo dice, pero lo hace: el propósito que tras la muralla de nubes de este libro se trasluce es el desprendimiento o separación de la consciencia.[11] He aquí el secreto de la nueva consciencia, del mundo, del que llegará a percatarse todo aquel que sin haber leído a conciencia las 735 páginas, haya contemplado su propio mundo y espíritu a lo largo de

---

11. Stuart Gilbert hace resaltar este desprendimiento, y dice, pág. 11: "Un sereno desprendimiento define la actitud del poeta". (Detrás de ese sereno debo colocar un signo de interrogación.) Pág. 12: "Todos los hechos espirituales o materiales, sublimes o ridículos, poseen el mismo valor para el artista". "Este desprendimiento, que es exactamente tan absoluto como la indiferencia de la naturaleza para con sus criaturas, es una de las causas del realismo del Ulises".

735 días, con los ojos del *Ulises*. Este lapso ha de entenderse simbólicamente –"cierto tiempo, tiempos y un medio tiempo"–, debe ser un espacio bastante largo, una duración indeterminada, durante la cual pueda realizarse la transformación. El desprenderse de la consciencia –homéricamente: el magnífico y paciente Odiseo, navegando a través del estrecho marino entre Escila y Caribdis, entre las rosas Simplégades, Espíritu y Mundo– en el Hades de Dublín, entre Father John Conmee y el virrey de Irlanda: "un billete estrujado que inmediatamente será arrojado" y que flota corriente abajo del Liffey: *Elijah, skiff, light crumpled throwaway, sailed eastward by flanks of ships and trawlers, amid an archipelago of corks, beyond new Wapping street past Bensons ferry, and bythe three masted schooner Rosevean from Bridgewater with bricks...* ¿Podría esta liberación de la consciencia, esta despersonalización de la personalidad ser la Itaca de la Odisea de Joyce?

Podría creerse que en un mundo de meras nadas sólo queda el yo, James Joyce. Pero ¿se ha observado, acaso, que debajo de todos esos siniestros yos-sombras se presente un único yo real? Cierto, cada figura del *Ulises* es de una insuperable realidad. Todas ellas no podrían ser de otro modo que como son; son siempre ellas mismas en todos los respectos y, sin embargo, carecen de yo, no tienen centro alguno –tan humano– de aguda consciencia; ni poseen ese islote del yo de cálida sangre cardiaca que –¡ay!– es tan pequeño y, no obstante, tan vital. Todos los Daedalus, los Blooms, Harries, Lynches, Mulligans y como quiera que se llamen, todos ellos hablan y se conducen como en un sueño común, que en ninguna parte comienza, ni cesa en parte alguna y que sólo por esto existe, porque "nadie", un Odiseo invisible, la soñó. Ninguno lo sabe y, sin embargo, viven todos, porque un dios ordena que vivan. Así es, en efecto, la vida, y por esta causa son tan reales las figuras de Joyce –*vita somnium breve*–. Mas aquel yo que a todos abarca no aparece por ninguna parte. No se revela a través de nada, a través de ningún juicio, ninguna participación, ningún antropomorfismo.

Tampoco se descubre al yo del creador de estas formas. Esto es como si se hubiese disuelto en las innúmeras figuras del Ulises.[12] Y, no obstante, o más bien por ello mismo, al todo y cada uno de los detalles, hasta la carencia de signos de puntuación del capítulo final, es Joyce mismo. Su consciencia desprendida, contemplativa, que abarca indiferentemente de una mirada al conjunto sin tiempo de los acontecimientos del 16 de junio de 1904, debe decir a esta aparición *Tat twam asi* –ése eres tú–; tú en el más alto sentido: ningún yo, sino lo impersonal; pues únicamente lo impersonal abarca al yo y al no yo, al submundo, las entrañas, las imagines et lares y el cielo.

Cuando leo al *Ulises*, surge siempre ante mis ojos aquella imagen china del Yoguin, hecha pública por Wilhelm, y de cuya cabeza surgen las 25 figuras.[13] Esta imagen describe el estado espiritual del Yogin que está a punto de desembarazarse de su *yo*, para pasar a ese estado más objetivo, y pleno, de la impersonalidad, al estado del "disco lunar, solitario, inmóvil", del *sat-chit-ananda*, de una totalidad de ser-no ser; meta final del camino de redención oriental, perla preciosa de la sabiduría india y china, buscada y glorificada durante milenios. El "billete estrujado que inmediatamente será arrojado" boga hacia Oriente. Tres veces aparece este billete en el *Ulises*, ligado cada una de ellas de modo misterioso con "Elijah" (Elías). Dos veces se dice: "Elías viene". De hecho aparece en la escena del burdel (puesta por Middleton Murry con razón junto a la *Noche de Walpurgis*), en la cual en jerga americana se explica el misterio del billete. *Boys do it now. God's time is 12.25. Tell mother you'll be there. Rush your order and you play a slick ace. Join on right here. Book through to eternity junction, the nonstop run. Just one word more. Are you a god or dog*

---

12. Como el propio Joyce dice (Retrato del artista adolescente): "El artista se halla como el Dios de la Creación, o dentro o detrás o más allá, o por encima de su obra, es invisible, sin vida propia, indiferente y se limpia las uñas".

13. R. Wilhelm y C. G. Jung: El secreto de la flor dorada. Edición Dorn. Múnich.

gone clod? If the second advent came to Coney Island, are we ready? Florry[14] Christ, Lynch Christ, it is up to you to sense that cosmic force. Have we cold feet about the cosmos? No, be on the side of the angels. Be a prism. You have that something within, the higher self. You can rub shoulders with a Jesus, a Gautama, an Ingersoll. Are you all in this vibration? I say you are. You once knobble that congregation, and a buck joy ride to heaven becomes a back number. You got me? Its a life brightener, sure. The hottest stuff ever was. It's the whole pie with jam in. It's just the cutest snappiest line out. It is immense, supersumptuous. It restores.

Se ve lo que aquí ha sucedido: El desprendimiento de la humana consciencia y su acercamiento a la conciencia "divina" –fundamento y máxima realización artística del *Ulises*–, degenera en contorsión diabólica en el ebrio infierno de locos del burdel, cuando su pensamiento penetra las envolturas de las formas léxicas tradicionales. Ulises el paciente y a menudo descarriado Ulises, ansía alcanzar su ínsula patria, se repliega en sí mismo, al luchar por salir del embrollo de 18 capítulos y se libera del mundo lunático de las ilusiones, "contemplándolo de lejos" y sin participar en él. Logra así, precisamente, aquello que un Jesús o un Buda han consumado, a saber, vencer, superar al mundo insano y libertarse de las contradicciones, que fue la aspiración también del *Fausto*. (Y así como *Fausto* se resuelve en lo supremo femenino, también la señora Bloom –con razón calificada por Stuart Gilbert como tierra verdeante– tiene en el *Ulises* la última palabra en su monólogo falto de signos de puntuación, y a ella corresponde la gracia de hacer resonar el armonioso acorde final, tras todas las estridentes y endiabladas disonancias anteriores.)

Ulises es en Joyce el Dios creador, un verdadero demiurgo, que ha conseguido librarse de la implicación en su mundo, tanto espiritual

14. Florry, Zoe y Kitty, son las tres huríes de burdel, las otras compañeras de Stephen.

como físico, y contemplarlo con una consciencia desprendida. Con el hombre Joyce, se comporta *Ulises* como *Fausto* con Goethe, o *Zarathustra* con Nietzsche. Ulises es el más elevado *yo* que, del ciego barullo universal, retorna al lar divino. Ulises no aparece en todo el libro, el propio libro es Ulises, un microcosmo en Joyce, el mundo del yo y el yo de un mundo hecho uno solo. Ulises sólo puede retornar cuando ha vuelto las espaldas al Universo. Aquí reside el fundamento más profundo que hace al espíritu al mundo imagen universal del Ulises: el 16 de junio de 1904, un día de la vida cotidiana de todo el mundo, en el que tantos insignificantes seres potenciales han hecho y dicho sin tregua cosas sin principio y sin objeto, en forma fantasmal o ensoñada, irónica, negativa, horrible y diabólica, y, sin embargo, una verdadera imagen del mundo que podría ocasionar una verdadera pesadilla o un humor cósmico de un miércoles de ceniza o, quizá, el sentir del Creador el 1º de agosto de 1914... Tras del optimismo del séptimo día de la creación tiene que haber sido bastante difícil al demiurgo de 1914 identificarse de nuevo con su creación. El *Ulises* fue escrito de 1914 a 1921, fechas en que no existía ningún fundamento para una imagen mundial particularmente risueña ni siquiera motivo alguno para abrazar amorosamente al mundo (tampoco desde entonces). Por consiguiente, no debe extrañar que el Creador, como artista, conciba de su mundo una imagen negativa, tan negativa, tan blasfemamente negativa, que la censura de los países anglosajones hubo de impedir el escándalo de una contradicción con la historia de la Creación, y prohibir sencillamente el *Ulises*. Así convirtióse el desconocido demiurgo en un Odiseo a la busca de patria.

Poca materia sentimental encuéntrase en el *Ulises*, cosa que, sin duda, agradará a todo esteta. Más supongamos que la consciencia del *Ulises* no fuese ninguna luna, sino un yo en posesión de una razón que juzga y un corazón que siente; su camino a través de dieciocho capítulos no sería sólo un desplacer, sino una verdadera calle de la amargura, y al anochecer, ese caminante dejaríase caer, vencido y desesperado, por toda la pesadumbre e insensatez de este mundo, en los brazos de la gran Madre, principio y fin de la vida. Bajo el cinismo del *Ulises* ocúltase la gran compasión, el gran sufrimiento por un mundo que ni es bueno ni hermoso; que, peor aún, carece de esperanza, porque va rodando por una cotidiana vulgaridad eternamente repetida que arrastra consigo a la humana consciencia a través de las horas, de los meses, de los años.

Ulises ha osado dar el tajo que debe romper el vínculo de la consciencia con su objeto. Se ha desasido del interés, de la complicación y de la ofuscación, y por ello puede retornar a su patria. Es más que una manifestación subjetiva, personal; pues el genio creador nunca es Uno, sino Muchos, y por tal causa, habla en la quietud de las almas a los muchos cuyo sentido y destino es tanto como del artista individual.

Quiere parecerme ahora como si todo lo negativo, lo impasible, lo fútil y extravagante, lo grotesco e infernal, fueran virtudes positivas de la obra de Joyce, que obligan a alabarla. El terrible tedio y la espantosa monotonía de un lenguaje de imponderable riqueza y millones de facetas y de capítulos que se arrastran largos como tenias, es épicamente grandioso, un verdadero Mahabharata de la impotencia de un mundo tortuoso y de sus bajos fondos diabólicamente dementes. *From drains, clefts, cesspools, middens arise on all sides stagnant fumes.*[15] Y en esta charca refléjase poco más o menos toda idea religiosa seria y última, en blasfema distorsión –como en sueños. (La obra *Die Andere Seite*, de Alfredo Kubin, es el pariente campesino del Ulises habitante de la gran urbe.)

También esto puedo aceptarlo a gusto, puesto que no puede negarse. Al contrario, la aparición de lo "escatológico" en la Escatología prueba hasta la verdad de Tertuliano: *anima naturaliter christiana.* Ulises se

---

15. Ulises: escena del burdel, pág. 412.

manifiesta como un buen Anticristo, y demuestra con ello la consistencia de su cristianismo católico. No sólo es cristiano, sino hasta –su mayor timbre de gloria– budista, sivaísta y gnóstico. *(With a voice of waves.) White yoghin of the Gods. Occult poimander of Hermes Trismegistos. (With a voice of whistling seawind.) Punarjanam patsypunjaub! I wont have my leg pulled. It has been said by one: beware the left the cult of Shakti. (With a cry of stormbirds.) Shakti Shiva! Dark hidden Father! Aum! Baum! Pyjaum! I am the light of the homestead, I am the dreamery, creamery butter.* Elevadísima y antiquísima bondad del espíritu que no se ha perdido en los bajos fondos de los estercoleros; ¿no es esto conmovedor y significativo? No existe en las almas ningún agujero a través del cual pudiera el espíritu divino exhalar definitivamente su vida en el mundo de hediondez e inmundicia. El viejo Hermes, padre de todos los circunloquios heréticos, tiene razón: "Como allá arriba, aquí abajo". Esteban Daedalus, el hombre globo de cabeza de pájaro, se ahoga en el lodo maloliente del seno de la tierra cuando quería escapar al aire demasiado aéreo, y vuelve a encontrar en lo más profundo, lo supremo de que huía. "Y huí al extremo último del mundo, así…", lo que sigue es la blasfemia probatoria de Ulises. Mejor aún: Bloom, el sensual, perverso e impotente fisgón, experimenta en lo profundo de la suciedad lo que nunca le había acontecido –la transfiguración en hombre-divino. Noticia satisfactoria: cuando los signos eternos han desaparecido del firmamento celeste, el cerdo, a la busca de trufas, los encuentra de nuevo en la tierra, pues son imperdibles y están sellados imborrablemente tanto arriba como abajo; sólo son inhallables en las tibias situaciones intermedias, malditas de Dios.

Ulises es absolutamente objetivo y honrado, y por ello, digno de confianza. Puede confiarse en su testimonio, que pone de manifiesto el poder y la nada de espíritu y mundo. Ulises, por sí solo, es sentido, vida y realidad; en él está contenida y encerrada la fantasmagoría real de espíritu y mundo, de los yos y de las cosas. Podría dirigir aquí una pregunta al señor Joyce: "¿Ha observado usted que es usted mismo una representación, una idea, tal vez un complejo de Ulises? ¿Ha observado usted que se encuentra en todas partes alrededor de usted cual un Argos de cien ojos, y lo han transportado con el pensamiento a un mundo junto con su contra-mundo, a fin de que tenga usted objetos sin que pudiera usted darse en absoluto cuenta de su *yo*?". No sé lo que el autor respondería a esta pregunta. En último término, tampoco me interesa en lo más mínimo; nada debe preocuparme si yo, por mi cuenta y riesgo, quiero dedicarme a la Metafísica. El *Ulises* me estimula a ello cuando veo cuán limpiamente aprehende y entresaca, del Macro –Caos– Cosmos de la historia universal, el microcosmos del 16 de junio de 1904 dublinés, y lo prepara bajo una lámina de vidrio con todas sus particularidades placenteras y repugnantes, describiéndolo con terrible acribia como espectador en absoluto desinteresado. Esto son calles, esto casas, aquí una parejita que va de paseo –un señor Bloom efectivo cuida de su oficina de publicidad, un Esteban real hace filosofía aforística–. No sería imposible que el propio señor Joyce apareciese al doblar de cualquier esquina de Dublín. ¿Por qué no? Es tan real como el señor Bloom, y por ello podría ser igualmente captado, preparado y descrito (por ejemplo, como *Retrato del artista adolescente*). Entonces ¿quién es Ulises? Es, en efecto, el símbolo de aquello que constituye el compendio, la unidad de todas las apariencias individuales de todo el *Ulises*, el señor Bloom, Esteban, la señora Bloom, incluso el propio señor James Joyce. Considérese: un ente que no sólo es un alma colectiva incolora, y compuesta de un número indeterminado de almas individuales obstinadas e inconexas, sino también de casas, tranvías, iglesias, el río Liffey, varios burdeles y un billete estrujado que marcha hacia el mar, y que, a pesar de todo, posee una consciencia perceptiva y reproductora. Todo esto, que sobrepasa los límites de lo concebible, incita a la especulación especialmente porque, así como así, nada puede demostrarse, y por tal causa, es preciso lanzarse a la mera

conjetura. He de confesar mi sospecha de que Ulises, como un yo volu-
minoso, es el sujeto correspondiente de todos los objetos situados bajo
la lámina de vidrio, el ente que obra como si existiese el señor Bloom,
o una imprenta o un billete arrugado, pero que es en realidad *the dark
hidden Father* de sus objetos. "Soy el victimario y la víctima", en el léxico del bajo mundo: I am the light of the homestead. *I am the dreamery
creamery butter.* Si él se vuelve al mundo con brazos amorosamente
abiertos, entonces florecen todos los jardines: *O and the sea the sea
crimson sometimes like fire and the glorious sunsets and the fig-trees in
the Alameda gardens yes and all the queer little streets and pink and blue
and yellow houses and the rose garden and the jessamine and geraniums
and cactusses...*, pero si él les vuelve las espaldas, continúa rodando la
vacía vulgaridad cotidiana... –*labitur et labetur in omnevolubilis
aevum.* Primero, el demiurgo creó por vanidad un mundo, que presu-
mió perfecto; mas cuando miró hacia arriba vió una luz que él no había
creado. Y entonces retornó donde su patria estaba. Pero cuando hizo
tal, transformóse su varonil fuerza creadora en buena voluntad feme-
nil, y hubo de reconocer:

Lo insuficiente. -Aquí acontece.
Lo indescriptible. -Aquí ha sido.
El eterno femenino. -Nos atrae a lo alto.

GOETHE

Bajo la lámina de vidrio, en la tierra baja de Irlanda, en Dublín,
Ecclesstreet, 7, la voz incoherente de la señora Bloom, adormeciéndo-
se en su lecho, a las dos de la madrugada, poco más o menos, del 17 de
julio de 1904, dice:

*O and the sea the sea crimson sometimes like fire and the glorious sun-
sets and the fig-trees in the Alameda gardens yes and all the queer little*

streets and pink and blue and yellow houses and the rose gardens and the jessamine and geraniums and cactusses and Gibraltar as a girl where I was a Flower of the mountain yes when I put the rose in my hair like the Andalusian girls used or shall I wear a red and how he kissed me under the Moorish, wall I thought well as well him as another and then I asked him with my eyes to ask again yes and he asked me would I yes to say yes my mountain flower and first I put my arms around him yes and drew him down to me so he could feel my breasts all perfume yes and his hearts was going like mad and yes I said yes I will yes.

¡Oh Ulises, eres un verdadero devocionario para los hombres de piel blanca que tienen fe en el objeto, y son malditos de él! ¡Eres un ejercicio, una ascesis, un cruel ritual, un procedimiento mágico, dieciocho retortas alquímicas enlazadas una tras otra, y en las que, con ácidos, vapores venenosos, fríos y ardores, se destila el homúnculo de una nueva consciencia universal!

Tú nada dices ni nada dejas traslucir, ¡oh *Ulises*!, pero actúas. Penélope no necesita ya tejer su tela sin fin; se pasea ahora por el jardín de la tierra, pues su esposo ha retornado de todas sus odiseas. Feneció un mundo y nació nuevo.

Colofón: Ahora, la lectura del *Ulises* es, por lo menos, soportable.

Apéndice 2b
PICASSO

Carl Gustav Jung

Casi me entran deseos de disculparme ante el lector por inmiscuir-me, en traza de psiquiatra, en la agitación formada en torno a Picasso. Si no se me hubiera indicado por quien para ello tiene competencia, no hubiese tomado la pluma para hacerlo. Y no es que este artista, con su extraño arte, me parezca un asunto mezquino. Todo lo contrario: he puesto a contribución mi honrado esfuerzo al ocuparme de "Joyce, su hermano en la literatura. De modo que bien puedo asegurar que su problema atrae todo mi interés. Sólo que siendo para mí algo demasia-do remoto, difícil y embrollado, no puedo confiar en agotar el tema, ni siquiera aproximadamente, en un breve artículo. Si me atrevo a opinar sobre Picasso es con la explícita reserva de que nada tengo que decir sobre su "arte " y que sólo a la psicología de su arte he de referirme.

Dejo, pues, el problema estético a los doctos en arte y me limito a la psicología que está en el fondo de esta creación artística. Pronto hará veinte años que me ocupo de la psicología de la representación gráfica de los procesos psíquicos, lo que me capacita para considerar las pin-turas de Picasso desde el punto de vista profesional. Fundándome en mi experiencia, puedo asegurar al lector que la problemática psíquica picassiana, en cuanto se refleja en su arte, es de todo punto análoga a la de mis pacientes. Desgraciadamente no puedo demostrarlo, pues los elementos necesarios para un estudio comparado sólo han sido dados a conocer a unos pocos especialistas. Sin asidero evidente, mis consideraciones han de sostenerse, pues, en el vacío, requiriendo, por lo tanto, la benévola fantasía del lector.

El arte no objetivo extrae sus contenidos esencialmente de "dentro ". Este "dentro" no puede corresponder a lo consciente, pues éste contiene trasuntos de los objetos generalmente vistos, que necesariamente han de presentar un aspecto que responde a lo que generalmente se espera. Pero el objeto picassiano presenta un aspecto distinto a lo que se espera generalmente, incluso tan distinto que puede llegar a parecer que ni siquiera se alude a objetos de la experiencia exterior. El orden cronológico evidencia un alejamiento progresivo del objeto empírico y un aumento de aquellos elementos que no responden ya a la experiencia exterior, sino a un "dentro" que se sitúa tras la conciencia; en todo caso, tras la conciencia que como órgano de percepción general supraordenado a los cinco sentidos se orienta bacía el mundo exterior. Tras la conciencia no está la nada absoluta, sino la psique inconsciente, que afecta a la conciencia por detrás y desde dentro lo mismo que el mundo exterior por delante y desde fuera. Aquellos elementos, pues, que no responden a un exterior, han de originarse "dentro". Como este "dentro" es invisible e inimaginable y, sin embargo, puede influir sobre la conciencia con la máxima pertinacia, suelo sugerir a aquellos de mis pacientes que principalmente sufren trastornos de esta índole, que lo representen gráficamente en lo posible por medio de figuras. La finalidad del " método expresivo " consiste en hacer aprehensibles los contenidos inconscientes y hacerlos así más accesibles a la comprensión. Desde el punto de vista terapéutico se consigue evitar por parte de los procesos inconscientes el peligroso desprendimiento de la conciencia. Todos los procesos y efectos de la trasconciencia representados gráfica-

* Publicado en la *Neue Züricher Zeitung*, 1932. Traducción anónima en *Revista de Occidente*, nº CXXXI, Mayo 1934.

mente son, en contraposición a la representación objetiva o "consciente", *simbólicos*, es decir, aluden por modo aproximado y como mejor pueden a un sentido que por lo pronto se desconoce. De acuerdo con este hecho es por completo imposible determinar algo con visos de certeza en un caso único y aislado. Se tiene la sensación de lo extraño, de una multiplicidad incognoscible que nos confunde. No se sabe, verdaderamente, qué es lo que se representa, ni a qué se alude. Sólo puede darse la posibilidad de llegar a comprender algo por el estudio comparado de muchas series de figuras. Las figuras de los pacientes son, por lo general, y debido a la falta de fantasía artística, más claras y sencillas y, por lo tanto, más fácilmente comprensibles que los cuadros de los modernos artistas. Entre los pacientes pueden distinguirse dos grupos: los neuróticos y los esquizofrénicos. El primer grupo suministra figuras de carácter sintético, de emoción directa y sentido armónico. Si son por completo abstractas y, por lo tanto, se echa en ellas de menos el momento emotivo, son por lo menos claramente simétricas o evidencian un sentido inequívocamente. El segundo grupo, en cambio, suministra figuras que en el acto se revelan como ajenas al sentimiento. En todo caso, no nos transmiten sentimientos dotados de unidad, armónicos, sino sentimientos contradictorios o total ausencia de sentimientos. En lo puramente formal predomina el carácter de despedazamiento que encuentra expresión en las llamadas "líneas de fractura", es decir, una especie de grietas de psíquica recusación que hienden la figura. Esta nos deja fríos o nos espanta o nos produce una sensación de asombro por su desconsideración paradójica que conturba nuestros sentimientos y nos parece horrible o grotesca. Picasso pertenece a este grupo.*

---

* Con esto no se pretende que todo el que se incluya en uno de estos dos grupos sea un neurótico o un esquizofrénico. El sentido de esta división es que, en el primer caso, una perturbación psíquica evidenciaría probablemente los síntomas neuróticos habituales, y en el segundo caso, síntomas esquizoides. Al decir "esquizofrénico", en este caso no aludimos, pues, en modo alguno, a la presencia de la enfermedad mental llamada esquizofrenia, sino sólo a una predisposición o hábito sobre cuya base una grave com-

A pesar de la evidente diferencia entre ambos grupos, tienen algo común: la *sustancia simbólica*. Ambos nos ofrecen el indicio de un sentido, sólo que el tipo neurótico busca este sentido y su emoción y se esfuerza en transmitirlos al espectador. En el esquizofrénico, en cambio, se advierte apenas esta tendencia y antes parece que fuese él mismo víctima de este sentido, como si se sintiera subyugado por él, devorado y disuelto en todos aquellos elementos que el neurótico por lo menos intenta domeñar. Del modo de expresión esquizofrénico habrá que decir lo que he dicho ya de Joyce: nada halaga al espectador, todo le es esquivo, se le aparta e incluso un rasgo casual de belleza diríase un imperdonable retardo en el desvío. Se busca lo feo, lo enfermizo, lo grotesco, lo incomprensible y lo frívolo, no para expresar, sino para encubrir. Pero esta veladura no atañe al que algo busca, sino que es como una niebla fría que se tiende, encubridora, sobre ciénagas desoladas, sin designio, como un espectáculo que puede prescindir del espectador.

En el uno puede conjeturarse qué es lo que quisiera expresar, en el otro qué es lo que no puede expresar. En ambos se evidencia el contenido misterioso. Estas series de imágenes, ya se trate de dibujo o pintura o de palabra escrita, se inician regularmente con el símbolo de la Νεχυια, del funeral platónico, del adiós al mundo exterior. Lo que luego acaece está, ciertamente, expresado aún por medio de formas y figuras cotidianas, pero alude ya a un sentido oculto y tiene carácter de símbolo por lo tanto. Así, Picasso, empieza con las pinturas, aun objetivas, en azul, el azul del resplandor lunar y del agua, el azul *tuat* del averno egipcio. Muere y transita al más allá su alma cabalgando en un corcel. A él se aferra la vida cotidiana y una mujer con un niño se le

plicación psíquica podría producir una esquizofrenia. No considero psicóticos ni a Picasso ni a Joyce. Lo que hago es incluirlos en el vasto grupo humano cuyo hábito consiste en no reaccionar a una honda perturbación psíquica con una neurosis corriente, sino con un complejo de síntomas esquizoides. Como estas consideraciones han dado lugar a alguna falsa interpretación, he juzgado necesario hacer esta aclaración en calidad de psiquiatra.

acerca, admonitora. Lo mismo que el día, es la noche hembra para él, lo que psicológicamente se designa como el ánima clara y el ánima oscura. Esta, la oscura, le aguarda, expectante, en azul albor, despertando en él un patológico vislumbre. Con el cambio de colores penetramos en el averno. La objetividad está condenada a muerte, lo que encuentra expresión en la pavorosa obra maestra de los adolescentes prostituidos tuberculoso-sifilíticos. El tema de los prostituidos se inicia con el ingreso en el más allá, donde se reúne con alguno de estos seres como alma desencarnada. Me estoy refiriendo a esa personalidad en Picasso que sufre el destino infernal, a ese ser humano que no se enfrenta con lo diurno, sino que, fatalmente, se encara con la tiniebla, que no obedece al ideal de lo bueno y lo bello reconocido, sino a la demoníaca fuerza de atracción de lo feo y lo malo que en el hombre moderno cobra una plenitud anticristiana y luciferina y crea un ambiente de fin del mundo, velando la claridad meridiana, la vida del día, con nieblas del Hades, infectándola con letal descomposición y reduciéndola, finalmente, como un seísmo, a fragmentos, grietas, residuos, harapos, escombros y conjuntos inorgánicos. Picasso y la exposición de Picasso son fenómenos de la época, ni más ni menos que las veintiocho mil personas que han contemplado sus pinturas.

Regularmente se presenta lo inconsciente al hombre en la forma del ánima "oscura", de una Kundry de horrible y grotesca fealdad prehumana o de infernal belleza cuando el predestinado se incluye en el grupo de los neuróticos. Correspondiendo a las cuatro figuras femeninas del infierno gnóstico –Eva, Elena, María y Sofía– encontramos en la metamorfosis de Fausto a Margarita, Elena, María y lo "eterno femenino" abstracto. Así, también Picasso se transfigura y aparece en la forma infernal del trágico *Arlequín*, cuyo motivo se reitera en numerosos cuadros envuelto en letal acaecer, como Fausto, que reaparece transfigurado en la segunda parte. Digamos, de paso, que Arlequín es un viejo dios eutónico.

Desde el testimonio de Homero, la inmersión en lo remoto tiene algo de tránsito al Hades. Fausto retrocede al frenesí primitivo de la Blocksberg y a la quimera de lo antiguo. Picasso invoca rudas formas telúricas de grotesco primitivismo y hace rutilar, en fría luz resurrecta, la desalmada antigüedad pompeyana de modo que no "mejoraría" un Giulio Romano. Rara vez, tal vez nunca, he dado entre mis pacientes con un caso en que se eche de menos el retroceso a las formas del arte neolítico y el desfogue en dionisismos arcaicos. Arlequín transita, como Fausto, por todas estas formas, aunque, a veces, nada delate su presencia como no sea su vino, su laúd o los rombos multicolores de su vestimenta de bufón. ¿Y qué experiencia es la suya en este peregrinar frenético a través de los milenios de la Humanidad? ¿Qué quintaesencia destilará de semejante cúmulo de ruinas y escombros, de abortadas y precozmente fenecidas posibilidades de forma y color? ¿Qué símbolo emergerá como causa última y como sentido de toda esta disolución?

Frente a las múltiples facetas picassianas, que de tal modo mueven a confusión, apenas me atrevo a aludir a ello. Por eso daré cuenta, en primer término, de lo que mi material de estudio revela. El tránsito al Hades no carece de finalidad, no es un puro precipitarse titánico y destructor, sino una *katabasis eis antron*, un descenso al antro, pleno de sentido, un descenso al averno de la iniciación y del conocimiento secreto. La peregrinación a través de la historia psíquica de la humanidad tiene por fin restaurar al hombre como conjunto, despertando el recuerdo de la sangre. El descenso a las madres sirve a Fausto para erguir al feo humano pecadoramente íntegro, a Paris y Elena, aquellos seres a los que el extravío, al hacerles caer en lo unilateral, les hizo incurrir en el olvido del presente. Este ser humano está contrapuesto al ser humano actual, que es el que sólo actualmente es así, mientras el otro es el que así era siempre. De modo que en mis pacientes se sigue a la *katabasis* y *katalysis* el reconocimiento del contraste de la naturaleza humana y de la necesidad de los dobles contrapuestos en conflicto. Por eso a los símbolos de las vivencias de locura suceden, en la disolución, figuras que representan la conjunción de los dobles contrapuestos claro-oscuro, arriba-abajo, blanco-negro, masculino-femenino. En las últimas pinturas de Picasso se advierte con bastante claridad el motivo de la conjunción de los contrarios con su opuesto inmediato. Hay un cuadro (hendido, ciertamente, por numerosas líneas de fractura) en el que se llega a observar la conjunción del ánima oscura y el ánima clara. Los colores acres, inequívocos, incluso brutales del último período responden a la tendencia del inconsciente a reducir por la violencia el conflicto de los sentimientos. (Color = sentimiento.)

En la evolución psíquica de un paciente este estado no supone un fin ni una meta. Significa tan sólo el ensanchamiento de la visión que abarcará ya la humanidad moral bestial espiritual íntegramente, pero sin informarla en unidad viva. El *drame intérieur* de Picasso ha llegado a esta culminación última ante la peripecia. En cuanto al Picasso futuro prefiero renunciar a las profecías, pues esta aventura de lo íntimo es un asunto peligroso que a cada paso puede conducir a la paralización o el estallido catastrófico de los contrastes en tensión conjunta. La figura de Arlequín es de trágica ambigüedad, aunque su vestidura ostenta ya los símbolos de las próximas fases evolutivas, evidentes para el experto. Es el héroe que ha de atravesar los abismos del Hades. ¿Lo logrará? No puedo responder a esta pregunta. Para mí es siniestro, Arlequín. Y me recuerda demasiado a aquel "gayo camarada, semejante a un bufón" del *Zarathustra* de Nietzsche, que saltó sobre el acróbata (paralelo del payaso) que nada presentía, matándose. Aquí pronuncia Zarathustra aquellas palabras que se cumplieron en Nietzsche con precisión espantosa: "Tu alma no morirá antes que tu cuerpo: ¡no temas ya nada!" Quién es el "bufón" nos lo dicen las palabras que dirige el funámbulo, su débil alter ego: "¡Te pones en el camino de uno mejor que tú!" Es el más grande: el que hace saltar la copa. Y a veces la copa es... el cerebro.

www.casimirolibros.es